INÉGALITÉS ÉCONOMIQUES ET SYSTÈME DES INÉGALITÉS AU SÉNÉGAL

Abdoul Alpha Dia

INÉGALITÉS ÉCONOMIQUES ET SYSTÈME DES INÉGALITÉS AU SÉNÉGAL

L'Harmattan
Sénégal

Du même auteur

L'École du Futur, c'est déjà aujourd'hui (2015), Harmattan, 190 p.

10 VDN, Sicap Amitié 3, Lotissement Cité Police, DAKAR

http://www.harmattansenegal.com
senharmattan@gmail.com
senlibrairie@gmail.com

ISBN: 978-2-343-13633-2
EAN: 9782343136332

DÉDICACE

A la mémoire du Pr. Aminata Diaw Cissé...

SOMMAIRE

INTRODUCTION

L'analyse des inégalités a, depuis fort longtemps, intéressé les chercheurs en sciences sociales (Hayek, 1946 ; Kuznets, 1955 ; Rawls, 1971 ; Sen, 1981 ; etc.). Toutefois, ces quinze dernières années, grâce notamment aux travaux de Piketty, Stiglitz et Atkinson, on a assisté à un remarquable renouveau des travaux et des analyses sur les inégalités.

Ce renouveau résulte, avant tout, d'un contexte historique particulier, fortement affecté par la déferlante des politiques néolibérales. En effet, « en libéralisant les mouvements des capitaux et en accroissant en conséquence la concurrence internationale, synonyme d'austérité sociale, en dérèglementant le marché du travail, en révisant à la baisse les normes de protection sociale, en réduisant progressivement le champ d'intervention de l'État et des collectivités publiques, le tout sur fond d'un chômage structurel persistant et d'une précarité de l'emploi grandissante, ces politiques ont contribué à inverser la dynamique de réduction des inégalités sociales que la plupart des États ont connu jusqu'au début des années 80, ce que de très nombreuses données statistiques et études socio-économiques ont confirmé depuis lors » (Bihr et Pferfferkorn, 2014).

La conséquence en a été que dans cette société de plus en plus riche, le nombre de personnes pauvres, munies de ressources insuffisantes ou même démunies de toutes ressources, n'a cessé d'augmenter. Selon OXFAM (2014), les inégalités ont très fortement augmenté au cours de ces dernières années dans la plupart des pays : ainsi, 7 personnes sur 10 au monde vivent aujourd'hui dans un pays où l'écart entre les riches et les pauvres est plus grand qu'il n'y a de cela 30 ans. Autrement dit, dans une grande majorité de pays, une minorité riche se partage une part sans cesse plus importante des revenus nationaux. Dans ces conditions, on comprend sans doute mieux pourquoi la question de l'inégalité et de la redistribution est désormais au cœur d'une part des conflits politiques, économiques et sociaux, et d'autre part, des analyses en sciences sociales. Autour de cette réflexion nouvelle portant sur les inégalités, l'Afrique reste encore, quelque peu, à la marge. Certes, des travaux sur la question existent, mais il n'en demeure pas moins que ces inégalités ont été très peu étudiées pour elles-mêmes. Rares sont, en effet, les tentatives qui ont véritablement cherché à explorer les différentes inégalités, mais aussi à établir si ces inégalités s'engendraient les unes et les autres et/ou si elles constituaient un processus cumulatif, et *in fine* à déterminer si elles pouvaient être assimilées à un système.

Lorsqu'il est question des inégalités, c'est toujours ou le plus souvent de manière parcellaire (inégalités sous tel ou tel autre angle) ou de manière indirecte et tangentielle, à propos donc d'autre chose. Plusieurs des travaux menés en Afrique sur la question des inégalités se sont, par exemple, intéressé aux relations entre la croissance économique et les inégalités, et donc moins à ces dernières en tant que telles. Il existe donc un véritable paradoxe, puisque si on parle parfois des inégalités en Afrique, on en sait cependant si peu sur le système qui les génère ou qu'elles produisent.

Le présent travail part d'un tel constat, et il cherche en particulier d'une part à établir une photographie des inégalités économiques au Sénégal, et d'autre part à décortiquer le système plus global des inégalités, en se focalisant davantage sur ces inégalités économiques.

Au Sénégal, la question des inégalités revêt un enjeu crucial. Les derniers chiffres disponibles (ANSD, 2011) révèlent, non seulement, que la portion de la population en dessous du seuil de pauvreté est très importante – 46,7% plus précisément (dont près de 18% dans une situation d'extrême pauvreté) –, mais aussi, que peu de progrès ont été réalisés sur la dernière décennie. Or, la question de la pauvreté est intimement liée aux inégalités dont elle est, en quelque sorte, le produit ou la conséquence. On ne comprendrait donc pas grande chose à la pauvreté, si on la déconnectait de la question des inégalités.

Les analyses consacrées au Sénégal sur les inégalités sont restées essentiellement sectorielles, et donc fragmentées (à l'image de ce qui a été tantôt rappelé pour l'Afrique). L'analyse sous un angle « social » a été également privilégiée (d'où la prédominance des études consacrées aux inégalités face à l'école, à la santé, à l'accès à l'eau, etc.), sous l'influence, il est vrai, d'un contexte fortement marqué ces dernières années par les Stratégies de Réduction de la Pauvreté, les Objectifs du Millénaire du Développement (OMD[1]), et quelques années auparavant par la prise en compte de la dimension sociale des programmes d'ajustement structurel. Il y a aussi lieu de constater que le thème des inégalités ne semble pas encore constituer au Sénégal un champ de recherche en lui-même. Autrement dit, les inégalités sont rarement étudiées pour elles-mêmes, et cela se traduit par exemple par le fait que les travaux qui leur sont consacrés dérivent presque toujours d'études ou de recherches dont la pauvreté ou la croissance sont en réalité les thèmes principaux.

Certes, quelques enquêtes ont été conduites par l'État ; elles se sont intéressées aux inégalités sous différents angles (ESAM-I, 1995 ; ESAM II, 2005 ; ESPS-I, 2001 ; ESPS-II,

---

[1] Depuis 2015, les OMD ont été remplacés par les Objectifs du Développement Durable (ODD).

2011). Quelques travaux universitaires se sont également intéressés à quelques aspects des inégalités (Diagne et al*ii*, 2003 ; Fall A.S. et al*ii,* 2011). Toutefois, certaines dimensions importantes ont été très rarement prises en compte (c'est le cas notamment des inégalités face aux prélèvements obligatoires, face aux prestations sociales, face au patrimoine, face aux usages sociaux du temps, face à l'espace public, etc.). Par ailleurs, comme tantôt rappelé, aucune analyse systémique des inégalités n'a été proposée. L'impact des inégalités sur la pauvreté est également largement sous-estimé, et comme illustration, un texte aussi important que le 2e Document de Stratégie de Réduction de la Pauvreté (DSRP-II, 2006) se limite, dans l'identification des déterminants de la pauvreté, aux seules inégalités dans l'accès aux services sociaux de base.

La présente recherche vise donc à disposer d'une photographie à la fois plus large et synthétique des inégalités au Sénégal. Étant donné l'immensité du champ d'études que constituent les inégalités, il n'était évidemment pas possible d'en analyser ici, toutes les dimensions. Aussi, l'accent sera surtout mis sur les inégalités d'ordre économique.

Ce travail de recherche s'appuiera essentiellement sur des données secondaires et à ce propos, deux clarifications ou précisions méritent d'être apportées.

Premièrement, il y a globalement au Sénégal un déficit de données autour des inégalités à caractère économique. Il manque, par exemple, cruellement des données sur les revenus primaires (et en particulier sur les revenus issus d'activités non salariales ou issus d'éléments du patrimoine, ou encore sur les revenus en fonction de différentes catégories socioprofessionnelles), ainsi que sur les revenus disponibles. Sur le patrimoine, on dispose d'une connaissance encore plus médiocre, puisque si on trouve quelques enquêtes et données – fussent-elles incomplètes –

sur les revenus, aucune n'est disponible à notre connaissance sur le patrimoine (ni d'ailleurs sur les grandes fortunes). Dans le contexte socioculturel du Sénégal, le patrimoine est presque tabou, et dès lors, n'est-il sans doute pas étonnant que son analyse ne soit pas intégrée dans les grandes enquêtes nationales (et notamment celles conduites par l'ANSD). Un autre déficit important de données au Sénégal concerne les séries longues, et en particulier les séries intergénérationnelles. Or, du point de vue de l'analyse du système des inégalités, et en particulier de celle relative à la reproduction des inégalités, ces données sur le patrimoine ou ces séries longues sont fondamentales.

Deuxièmement, lorsque des données sont disponibles, leur traitement souffre de deux « insuffisances » : d'une part, elles sont rarement analysées sous l'angle exclusif des inégalités et d'autre part, elles restent éparpillées, c'est à dire qu'elles font l'objet de traitements séparés dans le cadre d'études s'intéressant à des problématiques différentes. De ce point de vue, notre travail constitue également une tentative de synthèse des travaux consacrés aux inégalités au Sénégal.

Cette étude est structurée en trois grandes parties. Dans un premier temps, il est proposé un rapide survol des travaux consacrés par les sciences sociales à cette question des inégalités. Ensuite, seront abordées les inégalités économiques (I) et en particulier, celles face (i) à l'emploi, (ii) aux revenus et aux dépenses de consommation, (iii) aux prélèvements obligatoires, et (iv) à la protection sociale. Enfin, sur la base de ces inégalités économiques, la réflexion va porter sur le système des inégalités (II), et à ce propos, sont notamment analysés les trois mécanismes principaux à travers lesquels opère un tel système des inégalités : (i) leur interaction, (ii) leur cumul et (iii) leur reproduction.

CHAPITRE I

L'ANALYSE DES INÉGALITÉS DANS LES SCIENCES SOCIALES : RAPIDE SURVOL

La question des inégalités a toujours occupé une place centrale dans les sciences sociales. Au cœur des préoccupations de ces dernières, se trouvent en effet l'analyse des écarts de répartition des ressources socialement valorisées et relativement rares, mais aussi l'étude des causes de ces écarts ainsi que des mécanismes socioéconomiques et institutionnels, permettant de les réduire, ou, au contraire contribuant à les creuser. Parmi les thèmes importants en sciences sociales, figurent notamment l'analyse des inégalités du point de vue des revenus, des conditions de vie, de l'accès à la formation et aux diverses positions professionnelles, ainsi que l'étude des discriminations.

L'examen de la mobilité sociale et de la pauvreté constitue également des questions classiques en sciences sociales, de même que l'étude des politiques publiques impactant sur ces phénomènes. Enfin, l'analyse des processus contribuant à la production et à la reproduction des inégalités entre différentes catégories sociales (hommes / femmes, jeunes / vieux, etc.) constitue un thème récurrent de recherche en sciences sociales.

Les analyses théoriques en sciences sociales portant sur les inégalités ont abouti à des points de vue contradictoires. Pour les économistes libéraux (Frederick von Hayek, Milton Friedman, etc.), les inégalités sont nécessaires pour assurer la dynamique de l'économie de marché, considéré comme le système le plus efficace. Ainsi, ils rejettent tout égalitarisme, principalement pour deux raisons. D'abord, il aboutit à l'uniformisation (et par conséquent à un nivellement vers le bas), sans tenir compte du fait que les individus diffèrent profondément (du point de vue des capacités, des aspirations, des besoins, etc.). Ensuite, l'égalitarisme est voué à l'inefficacité : en effet, en ne permettant pas au talent de s'exprimer, il perturbe l'ordre du marché, un ordre qui non seulement ignore l'oppression, mais aussi tire le meilleur parti de l'information, de l'initiative et des incitations.

En résumé, concluent les économistes libéraux, toute politique visant à l'égalité viole les droits des individus, et toute intervention étatique, en réduisant la liberté de choix des individus, réduit l'efficacité du marché[2].

La théorie de la justice de Rawls (1971) constitue une vive critique de l'approche libérale, et plus particulièrement, elle tente de déterminer comment et à quelles conditions la liberté et l'égalité peuvent être conciliées. Rawls imagine plusieurs individus qui sont confrontés à un « voile d'ignorance » et qui méconnaissent, par conséquent, tout de leurs caractéristiques futures (qui ils seront, ce qu'ils feront, etc.). À partir des choix rationnels et

---

[2] Hayek, partant du principe que le capitalisme assure un haut degré de coïncidence des attentes ainsi qu'une utilisation efficace du savoir et des habiletés de tous, estime que les revendications de justice sociale dissimulent généralement les intérêts de ceux qui désirent conserver ou conquérir une situation favorable au détriment du bien commun. Comme illustration cette nocivité de la justice sociale, Hayek invoque par exemple la Déclaration Universelle des Droits de l'Homme (1948), dans laquelle il est stipulé que "chacun a droit à la réalisation des droits économiques, sociaux et culturels indispensables pour sa dignité et le libre développement de sa personnalité". Hayek considère en effet qu'il est absurde de parler d'un droit à une situation que personne n'a le devoir, ni le pouvoir de créer.

fondés sur des principes de justice *a priori* désintéressés que feraient ces individus soumis au « voile d'ignorance », Rawls formule les deux principes au cœur de sa théorie de la justice : d'abord le principe de la liberté et ensuite, le principe de différence. Ces principes se situent dans un ordre lexical, autrement dit, le premier ne peut être sacrifié au nom du second. Le premier principe stipule ou implique que la liberté individuelle ne pourrait être restreinte pour réduire les inégalités : par conséquent, une société de liberté produit nécessairement des inégalités (c'est en cela que la théorie de la justice n'est pas assimilable à un égalitarisme). Quant au second principe, il contient deux règles (ici encore dans un ordre lexical) : *primo*, les inégalités ne sont légitimes ou admissibles que si elles sont à l'avantage de tous ou profitent uniquement aux plus défavorisés (par exemple, les inégalités de revenus sont tolérables si et seulement si, elles favorisent la croissance ou permettent d'améliorer les conditions de vie des plus défavorisés) ; *secundo*, elles ne doivent pas violer le principe d'égalité des chances, et autrement dit, elles doivent donc être attachées à des positions ouvertes à tous dans les mêmes conditions.

Selon Amartya Sen (1981 ; 2001), l'analyse de la question des inégalités ne devrait pas se limiter à l'équité de la distribution des biens premiers, c'est-à-dire des ressources que l'individu ne peut pas ne pas désirer. Pour lui, ces biens premiers ne sont que des moyens, et le plus important n'est donc pas de bénéficier d'une liberté formelle (entendue ici au sens négatif des libéraux, c'est-à-dire l'absence d'interférence coercitive ou d'entraves qu'un individu peut imposer à un autre), mais bien plutôt de disposer d'une liberté réelle (considérée ici au sens positif d'affirmation de l'individu, c'est-à-dire toutes choses que ce dernier est capable d'accomplir ou de faire). Certes, les deux formes de liberté sont indispensables, mais Sen privilégie la première, qu'il désigne sous le terme des *capabilités*[3], et qui rend compte de l'ensemble des combinaisons de vie auxquels un individu peut réellement avoir accès. Que vaut par exemple, s'interroge-t-il, la liberté d'opinion si l'accès à la culture ou à l'éducation n'est pas effectif ?

Pour ce qui est de l'analyse empirique de la relation entre la croissance économique et les inégalités, les travaux de Simon Kuznets (1955) font figure de pionnier. Ils ont notamment porté sur la relation entre la croissance du produit intérieur brut par habitant et la distribution des revenus. Sur la base d'observations chiffrées (portant notamment sur la croissance du produit intérieur brut par habitant et la distribution des revenus, et datant de la fin du XIXe siècle jusqu'au lendemain de la Seconde Guerre mondiale), Kuznets identifie trois phases dans cette relation : aggravation de l'intensité des inégalités, suite à la croissance du produit intérieur brut par habitant (phase 1), stabilisation des inégalités (phase 2), baisse des inégalités avec la croissance économique, à partir d'un certain niveau de revenu par habitant (phase 3)[4].

Toutefois, à ce jour, aucun consensus ne se dégage encore parmi les chercheurs sur les tentatives de résolution du puzzle des effets de l'inégalité sur la croissance, dans la mesure où les résultats des effets nets de l'inégalité sur la croissance diffèrent sensiblement, selon l'échantillon des pays retenus, la période, les variables considérées, etc.

D'après Persson et Tabellini (1994), les inégalités nuisent à la croissance, car elles impliquent la redistribution, laquelle décourage à son tour l'accumulation de capital. Dans le modèle développé par ces auteurs, la

---

[3] Néologisme forgé pour traduire en français le terme de *capabilités* utilisé par Sen.

[4] Du fait de ces trois phases, les travaux de Kuznets sont connus sous le nom de « Courbe en U inversé ».

redistribution des plus riches vers les plus pauvres se fait à l'issue d'un vote démocratique, de telle sorte que la décision finale de la redistribution revient à l'électeur médian : or plus l'électeur médian est pauvre, plus il sollicite davantage de redistribution. Cette idée selon laquelle les inégalités nuisent à la croissance est confirmée par plusieurs travaux (Alesina et Rodrik, 1994 ; Clarke, 1995 ; Bénabou, 1996 ; Saint-Paul et Verdier, 1996 ; Bourguignon, 1998 ; Aghion et alii, 1999 ; Verdier, 1999). Toutefois, de nombreuses autres études défendent le point de vue inverse, et concluent notamment à un impact positif significatif sur la croissance économique d'une hausse de l'inégalité de revenu (Forbes, 2000) ou à un effet positif des inégalités sur la croissance, particulièrement dans les pays riches (Barro, 2000).

Sur toutes ces questions, des études récentes (et en particulier celles de Piketty et de Stiglitz) ont apporté de nouveaux éclairages et ont contribué, en même temps, à (re)mettre la question des inégalités au centre du débat économique et même politique.

Partant du constat que l'analyse de la répartition des richesses a été trop souvent débattue sans disposer de chiffres précis, Piketty (2013) compile différentes données historiques (et notamment fiscales) sur la répartition des revenus et des patrimoines dans les pays développés (les plus anciennes de ces données remontant au XVIIIe siècle). Sa conclusion centrale demeure que les inégalités n'ont cessé de croître dans ces pays développés, malgré l'accroissement des richesses. Piketty montre en particulier que sur longue période (et sauf périodes exceptionnelles, par exemple après les deux guerres mondiales), le rendement du capital est durablement supérieur au taux de croissance économique, d'où l'accroissement mécanique des inégalités. Les travaux de Piketty remettent donc radicalement en cause la courbe de Kuznets, qui laissait à penser que le développement économique s'accompagnait mécaniquement d'une baisse des inégalités de revenu.

La thèse du ruissellement, selon laquelle les inégalités seraient à l'origine d'une stimulation de la croissance profitable à l'ensemble du corps social, est également fortement contestée par Joseph Stiglitz (2012, 2015). En effet, selon ce dernier, la montée de l'inégalité n'a ni accéléré la croissance, ni stimulé les revenus de la grande majorité de la population. Les fortunes (patrimoines) et les revenus du capital (dividendes, plus-values, intérêts, bénéfices) auraient par ailleurs fortement contribué à la hausse des inégalités (Stiglitz, 2012). Aux Etats-Unis, durant la reprise de 2009-2010, 93% de l'augmentation du revenu national auraient été accaparé par les 1% les mieux rémunérés (Stiglitz, 2015). Le capitalisme américain, loin de jouer le jeu du marché, favoriserait plutôt les rentes.

Ces travaux de Piketty et Stiglitz ont contribué à faire de l'analyse des inégalités et de leurs effets, une des plus questions les plus débattues dans les pays développés[5]. Qu'en est-il sur cette question dans les pays en voie de développement et particulier en Afrique ? L'analyse des inégalités y est-elle menée selon des termes comparables (même si différents) ?

En Afrique, quelques études ont été certes consacrées à l'analyse des inégalités. Cogneau et al*ii* (2006) ont montré d'une part que le niveau des inégalités de revenu y était élevé, comparativement aux autres régions du monde, et

---

5 Un tel renouveau des analyses consacrés aux inégalités résulte il est vrai aussi d'un contexte historique particulier, caractérisé par la déferlante des politiques néolibérales, qui conduisent notamment à la déréglementation (des mouvements des capitaux, du marché du travail, des télécommunications, etc.), à l'accroissement de la concurrence internationale, à des politiques d'austérité (notamment sur le plan social : éducation, santé, etc.), à la baisse des normes de protection sociale, à la réduction progressive du champ d'intervention de l'État, etc.

d'autre part que le dualisme des revenus était prononcé sur le continent entre l'agriculture et les autres secteurs. D'autres travaux ont mis en évidence des inégalités grandissantes, autant au niveau des opportunités que des acquis, d'où une réduction sensible des bénéfices que les pauvres peuvent tirer de la croissance (Ravallion, 2001 ; Fosu, 2011). En effet, la répartition inégale des biens et de l'accès aux services publics (dont l'enseignement et les soins de santé) élargirait davantage le fossé séparant les nantis des démunis. Guenard et Dubois (2001) montrent des évolutions contrastées : (*i*) dans les pays où le revenu par tête a augmenté, les inégalités ont tantôt augmenté (Seychelles), tantôt baissé (Ghana, Maurice) ; (*ii*) dans les pays qui ont connu une stagnation du revenu par tête, les inégalités ont baissé (Mauritanie, Tanzanie) ; (*iii*) dans les pays où le revenu par habitant a diminué, les inégalités ont plutôt augmenté (Nigeria, Ouganda, Zambie) à quelques exceptions près (Côte d'Ivoire). Globalement, Dubois et Guénard (2001) estiment qu'en Afrique subsaharienne, le quintile le plus pauvre ne représente qu'environ 5% de la consommation ou du revenu total. D'après Bourguignon (2012), la mesure des inégalités pourrait être sous-estimée en Afrique, en raison de la faible fiabilité des données disponibles. Dans les quelques pays où les statistiques lui paraissent crédibles (Nigéria, Ghana), il estime que les inégalités se sont fortement accrues, du fait particulièrement de la captation des rentes, issues des ressources naturelles par les élites au pouvoir. Selon le FMI (2015), la croissance du PIB réel par habitant des pays d'Afrique subsaharienne pourrait gagner près d'un point de pourcentage par an si les inégalités (inégalités de revenu, inégalités femmes/hommes, etc.) étaient ramenées aux niveaux observés dans les pays les plus dynamiques d'Asie du Sud-est (Indonésie, Malaisie, Philippines, Thaïlande et Vietnam).

CHAPITRE II

LES INÉGALITÉS ÉCONOMIQUES AU SÉNÉGAL

Les inégalités économiques auxquelles nous allons nous intéresser ici concernent l'emploi, les revenus, les prélèvements obligatoires (et particulièrement les impôts) et la couverture sociale.

I. Inégalités face à l'emploi

Dans le contexte d'un pays comme le Sénégal, les inégalités devant l'emploi sont primordiales ou déterminantes, comparativement aux autres formes ou sources d'inégalités. En effet, la possibilité inégale d'accéder à un emploi, de le conserver et de s'assurer une source de revenus – dont le flux plus ou moins important permet de se constituer (ou non) un stock patrimonial plus ou moins élevé – a d'importantes conséquences, tant sur le plan économique que social.

L'analyse du marché de l'emploi n'est cependant pas aisée au Sénégal, pour des raisons à la fois structurelles (dualité de l'économie, saisonnalité ou variabilité forte de l'activité économique, etc.) et institutionnelles (par exemple, le recensement du chômage est problématique : cf. encadré suivant).

Encadré 1 :
L'instabilité de l'emploi au Sénégal

« La situation des travailleurs sénégalais varie énormément au cours du temps par un jeu des *vases communicants* comme cela peut être illustré entre les premier et troisième passages de l'ESAM-II, qui ne sont séparés que de 8 mois. Entre ces deux passages, les actifs qui se déclarent occupés (avec une occupation la semaine précédente à l'enquête) ont décliné de 900 000 personnes (soit une chute de 33%) et le nombre de chômeurs s'est réduit de presque 600 000. Cette chute a été absorbée par une hausse des inactifs de pratiquement 1 million et une diminution de la population en âge de travailler et de personnes non-identifiées de 500 000. Au-delà des imprécisions dans la couverture des deux enquêtes, une importante fraction des actifs occupés et chômeurs sont revenus au sein de leur foyer (500 000) ou dans une inactivité qui n'est pas précisément définie (500 000). Ces variations sont présentes autant chez les hommes que chez les femmes mais beaucoup plus marquées en zone rurale (qui compte pour 75% de la variation dans le taux d'inactivité). Ce phénomène illustre l'instabilité de l'emploi dans les campagnes où selon les saisons les gens sont occupés ou inactifs (mais vraisemblablement avec une occupation au sein de leurs ménages). Elle met également en évidence que le chômage ne peut que capter incomplètement les actifs écartés du marché du travail car beaucoup d'entre eux sont masqués dans le groupe des inactifs ».

Source : Banque Mondiale (2007), A la Recherche de l'Emploi – Le Chemin vers la Prospérité, Mémorandum Économique sur le Sénégal, p. 71

Selon les derniers chiffres disponibles, la population potentiellement active, qui est celle des individus âgés de 15 ans ou plus ayant atteint l'âge légal pour participer aux activités de production de biens et services, s'élève à 7.728.868 (ANSD, 2013), soit 71,2% de la population âgée de plus de 6 ans et 58,2% de la population totale. Néanmoins près de la moitié (49,5%) de cette population potentiellement active est en réalité inactive, ce qui traduit un faible degré de participation des actifs potentiels à la vie active[6].

Pour ce qui est du chômage, les difficultés tantôt évoquées expliquent la très grande variabilité des chiffres fournis par l'ANSD quant au taux de chômage : 13% selon l'Enquête nationale sur l'Emploi au Sénégal (ENES, 2015[7]), 25,7% selon le Recensement Général de la Population et de l'Habitat, de l'Agriculture et de l'Élevage (RGPHAE, 2013), 10,2% selon la 2e Enquête de suivi de la pauvreté au Sénégal (ESPS II, 2011[8]) et 10% selon l'ESPS-I (ESPS I, 2006).

---

6 Au Sénégal, et selon la définition retenue par l'ANSD, la population habituellement active est l'ensemble des individus résidents des deux sexes, en âge de travailler (15 ans ou plus), et qui, au cours des 12 derniers mois, ont eu à occuper un emploi pendant au moins 3 mois ou qui sont inoccupés et sont à la recherche active d'un premier (ou nouvel) emploi. Elle comprend donc ceux qui travaillent effectivement (population active occupée) et ceux qui sont sans travail et qui en cherchent (chômeurs ayant travaillé et les primo demandeurs d'emploi).

7 Il s'agit ici de la première enquête nationale conduite par l'ANSD et portant exclusivement sur l'emploi.

8 D'après l'ESPS-II, parmi les 4 538 360 actifs âgés de 10 ans et plus que comptait le Sénégal (en 2011), 460 734 étaient en situation de chômage, soit un taux global de 10,2 %. Même en considérant, les personnes âgées de 15 ans et plus, le taux de chômage restait pratiquement le même (10,4%). Au Sénégal, l'âge minimum légal pour occuper un emploi salarié ou pour être en apprentissage est fixé à 15 ans.

Figure 1 :
Indicateurs clefs du marché de l'emploi au Sénégal

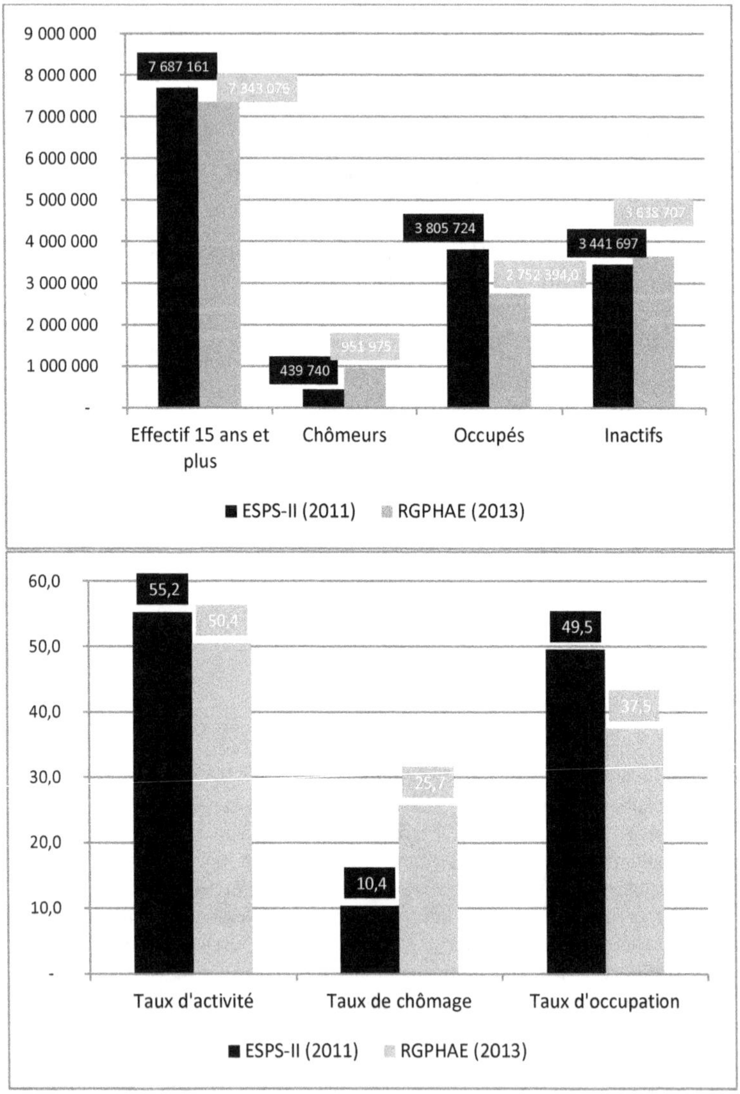

Source : ANSD (2001, 2013)

Du point de vue des caractéristiques liées au chômage ou à l'emploi, quelques éléments sont importants à signaler. Tout d'abord, les individus au chômage sont généralement à la recherche de leur premier emploi : ainsi 92,9% des chômeurs sont dans ce cas de figure, contre seulement 7,1% qui ont déjà exercé une activité (ANSD, RGPHAE, 2013). Ensuite, le sous-emploi lié à la durée du travail[9] est particulièrement élevé, puisque touchant plus du quart des occupés : selon les études, ce taux est compris entre 27,7% (ANSD, ENES, 2015) et 32% (ANSD, ESPS-II, 2011[10]).

Quelles sont maintenant les inégalités du point de vue de l'emploi ou du chômage ? Cette question est en tout cas importante à analyser puisque, comme précédemment rappelé, les possibilités inégales dont disposent les uns et les autres du point de vue de l'accès à un emploi ou de sa conservation ont des conséquences importantes qui vont bien au-delà des seuls revenus. Les inégalités auxquelles nous allons nous intéresser sont relatives au lieu de résidence, au genre, à l'âge, et au niveau d'études.

---

9 Ce sous-emploi, selon la définition retenue par l'ANSD, concerne la proportion de personnes ayant un emploi, qui ont travaillé moins de 40 heures dans la semaine, et qui sont disposés à faire davantage d'heures, s'ils en avaient la possibilité. Ces personnes soit désirent en faire plus, soit cherchent un autre travail pour accroître leurs revenus.

10 D'après cette étude, parmi les personnes en situation de sous-emploi, 46,4% sont à la recherche d'un autre emploi pour accroître leurs revenus (sous-emploi invisible), 45,2% affirment travailler moins d'heures que la normale et désirent en faire plus (sous-emploi visible) et 8,4% disent être simultanément dans les deux situations (sous-emploi visible et invisible).

I.1. Inégalités selon le lieu de résidence

Du point de vue spatial, d'importantes disparités sont observées relativement à l'accès à l'emploi ou à l'exposition au chômage.

Tout d'abord, en ce qui concerne le lieu de résidence, le taux de chômage est extrêmement bas dans les zones rurales (7,5%), comparativement aux zones urbaines (13-14%). Dans les deux cas, l'écart par rapport à la moyenne nationale (10%) serait de l'ordre de 3 points (ANSD, ESPS, 2011).

Figure 2 :
Indicateurs sur le marché du travail en fonction des lieux de résidence

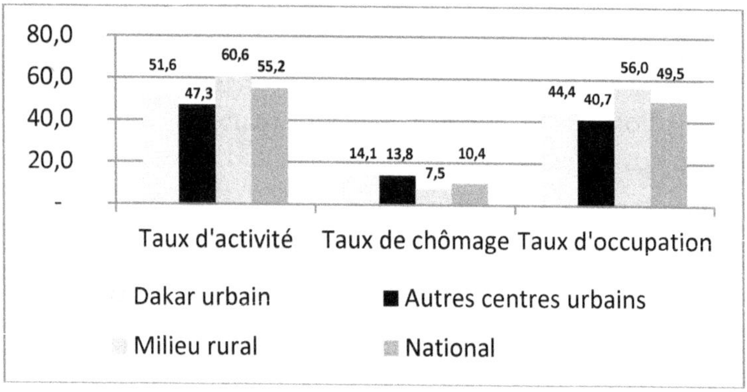

Source : ANSD (2011)

Les chiffres ci-dessus relatifs aux disparités spatiales en matière de chômage ont été récemment confirmés par l'enquête nationale sur l'emploi au Sénégal (ANSD, 2015). Néanmoins, celle-ci montre que le chômage est plutôt concentré dans les autres centres urbains (17,2%) et ensuite dans la région de Dakar (13,8%). Globalement, le niveau de chômage reste moins élevé en milieu rural (10,8%).

D'une région à une autre, le taux de chômage varie considérablement, comme le montre la figure suivante :

Figure 3 :

Taux de chômage selon les régions

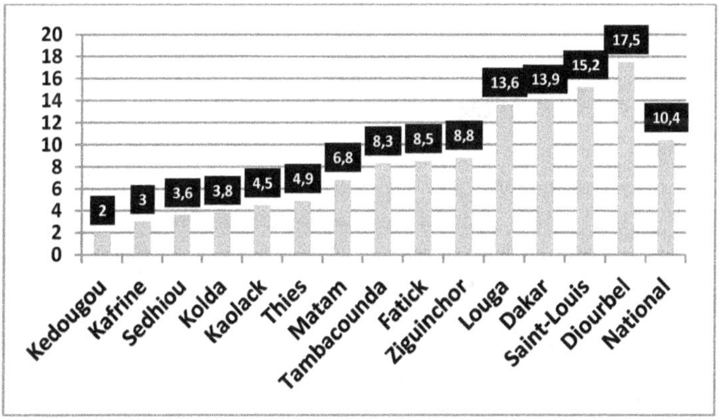

Source : ANSD (2011)

Du point de vue du sous-emploi, les chiffres disponibles révèlent d'importantes disparités spatiales (ANSD, ENES, 2015). En particulier, ils montrent que ce sous-emploi est relativement plus important en milieu rural (31,7%), comparativement à la région de Dakar (24,1%) et aux autres centres urbains (26,3%)[11]. De même, le taux combiné du sous-emploi lié au temps de travail et du chômage (qui est estimé à 39,3% au niveau national) varie sensiblement selon le milieu de résidence. En particulier, il est relativement plus important en milieu rural (42,8%) comparativement aux autres centres urbains (38,4%) et dans la zone urbaine de Dakar (36,0%). De telles disparités doivent donc amener à réexaminer ce qui a été dit tantôt, concernant la moindre importance du taux de chômage en

[11] Pour rappel, au niveau national, ce taux de sous-emploi s'élève à 27,7%.

milieu rural (comparativement aux milieux urbains). Enfin, la durée du chômage varie fortement selon les régions : elle est particulièrement importante dans des régions les plus rurales, comme Matam, avec une moyenne de plus d'un an et demi.

I.2. Inégalités selon le genre

Toutes les enquêtes disponibles sur la distribution du chômage au Sénégal mettent en exergue des disparités importantes en fonction du genre. Plus particulièrement, l'ESPS-II (ANSD, 2011) montre que les femmes sont plus affectées par le chômage, comparativement aux hommes. Ainsi, sur le plan national, le chômage touche 13,4% des femmes, contre 7,9% des hommes[12]. Les écarts entre les hommes et les femmes s'observent, par ailleurs, quelle que soit la localisation géographique ou la zone de résidence.

[12] Par ailleurs, en plus d'être davantage touchées par le chômage, les femmes ont aussi moins d'opportunités d'accéder à l'emploi salarié. En effet, alors que le salariat concerne 28,6% de l'emploi au niveau national, un écart de 10 points est néanmoins observé entre les hommes (32,5%) et les femmes (22,8%).

Figure 4 :
Indicateurs sur le marché du travail en fonction du genre

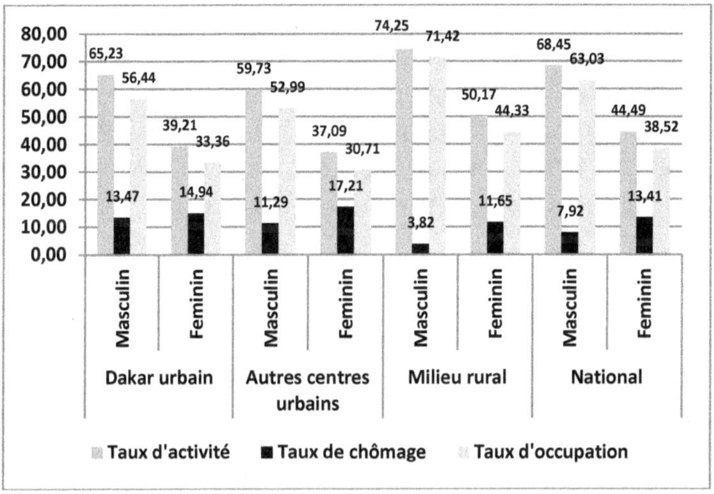

Source : ANSD (2011) et calculs de l'auteur

Ces chiffres ci-dessus indiqués ont fait l'objet d'une récente correction de la part de l'Enquête nationale sur l'emploi au Sénégal (ANSD, 2015). Ainsi, le chômage habituel[13] s'établirait à 23,1% chez les femmes contre 11,9% chez les hommes. Quant au chômage du moment[14], il se situerait à 16,7% chez les femmes contre 9,5% chez les hommes. De même, s'agissant du taux d'activité (pour la population de 10 ans ou plus), il s'élèverait à 52,7% chez les femmes contre 63,3% chez les hommes.

[13] Selon la définition retenue par l'ANSD, la population au chômage habituel est formée d'actifs habituels qui, au cours de la période de référence, n'ont jamais occupé un emploi pour une durée donnée et sont à la recherche active d'un emploi qu'ils sont disponibles à occuper.

[14] Selon la définition retenue par l'ANSD, la population au chômage du moment est formée d'actifs du moment qui, au cours des 7 derniers jours, n'ont jamais occupé un emploi pour une durée d'au moins une heure et sont à la recherche active d'un emploi qu'ils sont disponibles à occuper.

En dehors du niveau d'occupation, une autre question centrale concerne le sous-emploi. Selon l'ESPS-II (ANSD, 2011), les femmes sont davantage touchées par ce sous-emploi (26,8%), que les hommes (9,1%), ce qui explique également qu'elles aient un taux de pluri activité (8,8%) moins important que les hommes (15,4%). Il s'agit ici de tendances fortes, puisqu'elles sont également observées quelle que soit, par ailleurs, la zone de résidence.

Figure 5 :
Taux de sous-emploi et de pluri activité en fonction du genre

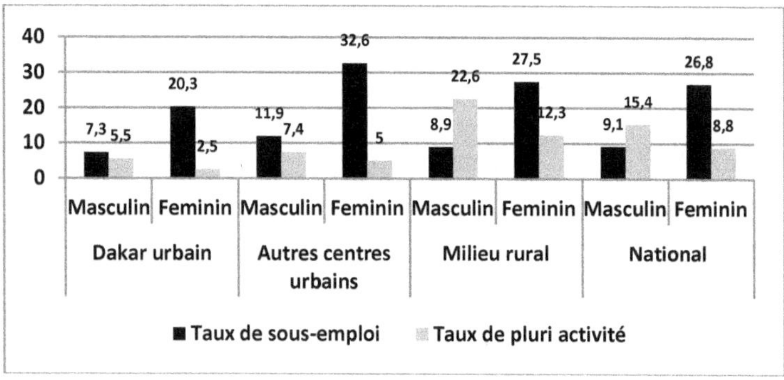

Source : ANSD (2011) et calculs de l'auteur

Sur cette question aussi, l'enquête nationale sur l'emploi au Sénégal (ANSD, 2015) a également permis d'apporter quelques corrections. Ainsi, elle a estimé que le sous-emploi concernait 27,7% des travailleurs au niveau national, à raison de 40,3% pour les femmes, et de 20,9% pour les hommes. Quant au taux combiné du sous-emploi, lié au temps de travail et du chômage, qui est de 39,3% au niveau national, il serait réparti de la façon suivante selon le genre : 54,5% chez les femmes et 29,8% chez les hommes.

Du point de vue de la durée du chômage, les disparités observées du point de vue du genre sont mineures : 11 mois chez les femmes et 13 mois chez les hommes (ANSD, ENES, 2015[15]).

Globalement, il ressort, de tout ce qui vient d'être dit, que les femmes sont plus affectées par le chômage que les hommes, en dépit de leur sens de l'entrepreneuriat et de leur dynamisme, qui se révèlent notamment à travers leur forte implication dans les activités génératrices de revenus ou bien dans le secteur informel.

I.3. Inégalités selon l'âge

La distribution du chômage en fonction de l'âge révèle d'importantes disparités. En particulier, les chiffres disponibles du point de vue de la répartition de la population des chômeurs par tranches d'âges montrent que la plupart des chômeurs, 59,7% plus exactement, ont entre 15 et 34 ans (ANSD, RGPHAE, 2013)[16]. Cette prépondérance des jeunes dans la population au chômage tient essentiellement à la structure démographique de la population sénégalaise, puisque celle-ci est constituée en majorité de jeunes. En effet, la moitié de la population sénégalaise est âgée de moins de 18 ans et par ailleurs, la moyenne d'âge de la population est de 22,7 ans.

---

15 Quant à la moyenne nationale, elle s'élève à 12 mois.

16 Les jeunes entre 15 et 19 ans représentent 13,2% des chômeurs, contre 16,9% pour ceux entre 25 à 29 ans.

Figure 6 :
Répartition de la population du Sénégal selon les classes d'âges

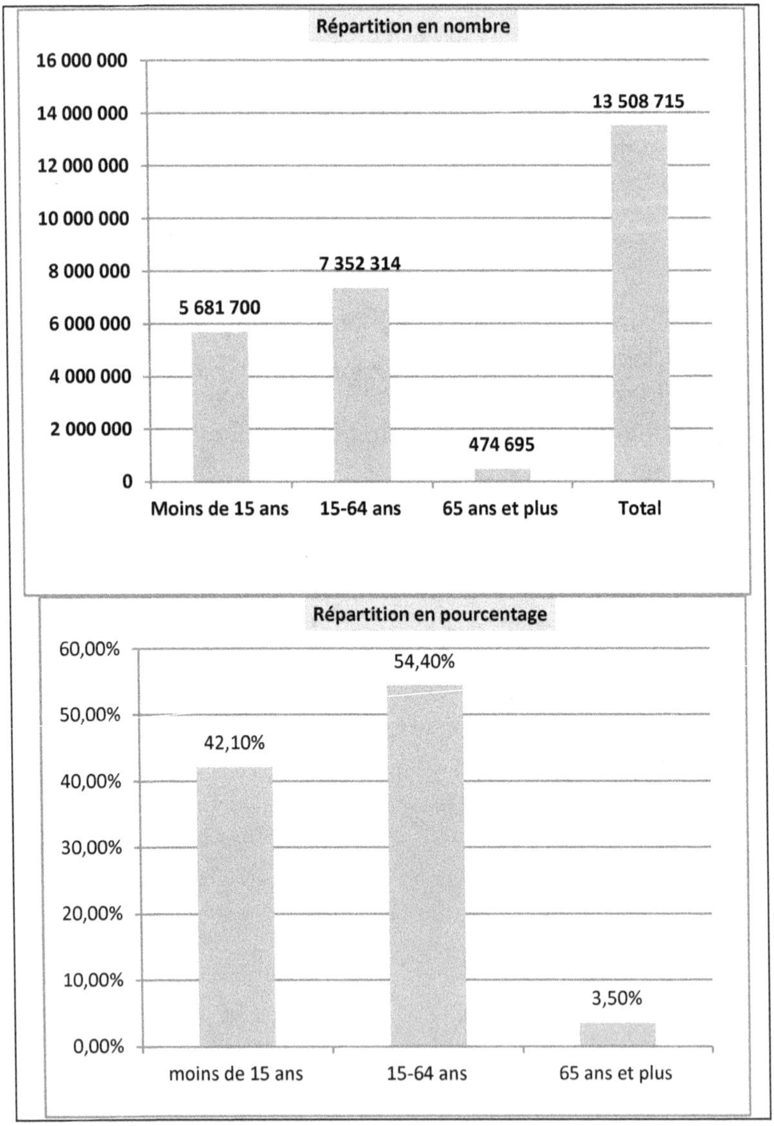

Source : ANSD (2013)

Toutes les études disponibles sur l'emploi des jeunes au Sénégal ont mis en évidence les difficultés de plus en plus grandes, que rencontrent ces jeunes pour s'insérer dans la vie active[17]. La pression sur le marché du travail au Sénégal risque de rester élevée dans le moyen terme en raison du taux de croissance de la population (2,5% par an) et de la jeunesse de la population (quasiment 45% de la population étant âgée de moins de 15 ans). La prise de ces deux facteurs a permis d'estimer que l'économie sénégalaise devrait être en mesure de créer autour de 100 000 emplois nouveaux par an pour permettre de stabiliser les taux de chômage et de sous-emploi (BM, 2007).

I.4. Inégalités selon le niveau d'études

Concernant le chômage, il s'avère intéressant d'analyser sa répartition en fonction du niveau d'études.

Au Sénégal, selon les chiffres du dernier recensement (ANSD, 2013), le taux d'alphabétisation[18] s'élève à 45,4%[19], contre 58,7% pour le taux d'instruction[20]. La population instruite est répartie de façon presque égalitaire selon le sexe, puisque composée de 51,8% d'hommes et de

---

17 Pour des études portant particulièrement sur Dakar, voir Antoine & *al.* (1995), Bocquier (1996), ANSD (2004).

18 L'alphabétisation est ici définie comme la capacité à lire et à écrire au moins dans une langue donnée et à communiquer et s'informer.

19 Selon la classe d'âge, le taux d'alphabétisation est plus élevé chez les personnes les plus jeunes de 10-14 ans et 15-19 ans (respectivement 58,1% et 64,1%), aussi bien chez les hommes (respectivement 58,1% et 64,8%) que chez les femmes (respectivement 58,2% et 57,6%). Le taux d'alphabétisation décroit avec l'âge et est plus faible chez les personnes âgées, notamment chez les femmes de plus de 70 ans. Alors que pour les hommes de plus de 70 ans, le taux d'alphabétisation varie entre 35,4% et 28,1%. A partir de 80 ans, seule une personne sur cinq est alphabétisée.

20 Le niveau d'instruction cible les individus âgés d'au moins 3 ans, ayant fréquenté l'une des écoles suivantes : école française, école franco-arabe, école arabe, école coranique, autre type d'école d'enseignement formel.

48,2% de femmes. Du point de vue de la non-fréquentation de l'école selon le milieu de résidence, la proportion la plus faible d'individus n'ayant jamais fréquenté l'école, est atteinte en zone urbaine, avec 28,3% de la population contre 52,2% pour le milieu rural.

L'analyse de la répartition de la population instruite selon le niveau effectivement atteint, indique que plus d'un individu sur deux (53,5%) dispose du niveau élémentaire. Un peu plus du tiers (35,3%) affiche un niveau d'instruction équivalent au collège et au secondaire (respectivement 23,9% et 11,5%). Seul un peu plus du vingtième de la population (6,4%) a un niveau d'instruction au moins équivalent à la licence (4,4% sont titulaires de la licence, 1,6% d'un master ou d'un diplôme équivalent). La même répartition, faite selon le genre, indique une situation similaire, en termes de niveau atteint, aussi bien pour les hommes que pour les femmes. Néanmoins, il faut signaler que les proportions des hommes sont plus élevées que celles des femmes, à partir du secondaire.

Au regard du niveau d'étude, les personnes sans diplôme représentent 40,1% des chômeurs (ANSD, ENES, 2015). L'analyse de la distribution du chômage au sein de cette population instruite en fonction du niveau d'études effectivement atteint et du milieu de résidence est fournie par la figure suivante :

Figure 7 :
Taux de chômage et taux d'activité par milieu de résidence et par niveau d'instruction des personnes âgées de 12 ans et plus scolarisées dans l'enseignement formel

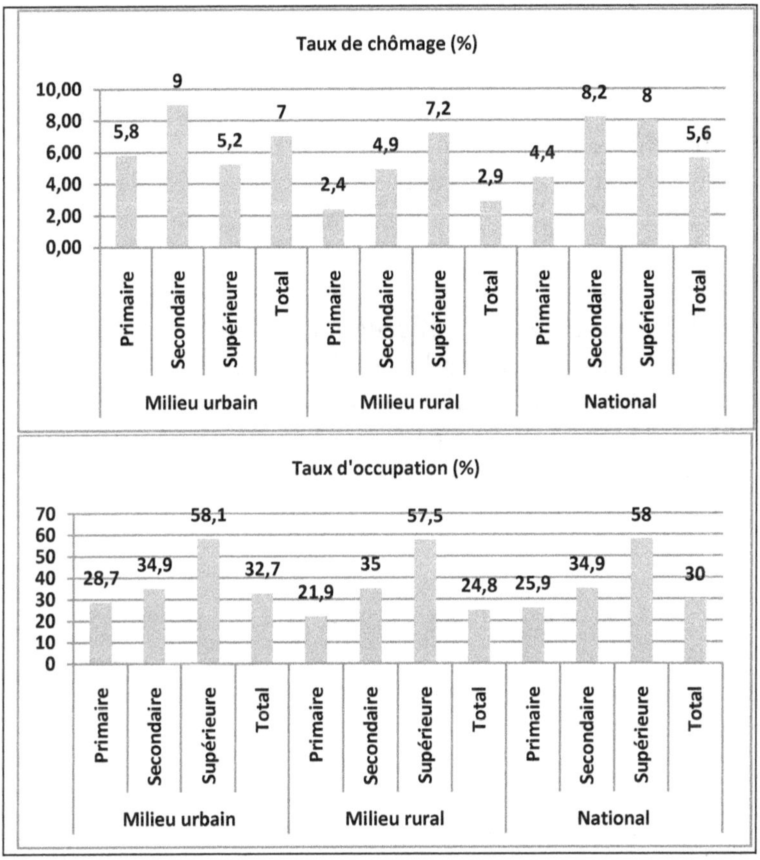

Source : Banque Mondiale (2007) et calculs de l'auteur

L'analyse du taux de chômage selon le niveau d'instruction conduit à deux observations (BM, 2007). D'abord, globalement, il n'y a pas une corrélation linéaire négative entre le niveau d'instruction et le taux de chômage. En effet, le chômage affecte davantage les personnes disposant d'un niveau d'instruction intermédiaire (secondaire) que celles situées aux extrémités (primaire et supérieur). L'explication réside dans l'absence de stratégie de reconversion pour ceux qui ont atteint le niveau secondaire : en effet, en plus de ne pas pouvoir accéder à l'enseignement supérieur, ils n'ont pas, non plus, l'opportunité – du fait notamment de leur âge assez avancé (15-20 ans) – d'apprendre certains métiers du secteur informel (contrairement à ceux qui ont abandonné les études dès le niveau primaire et qui, pour l'essentiel, seront absorbés par le circuit d'apprentissage de métier du secteur informel). Ensuite, en milieu rural, la relation entre le niveau d'instruction et le taux de chômage est très faible, voire négative. L'explication réside ici d'une part dans les faibles niveaux de qualification requis par les activités pratiquées en milieu rural (en raison notamment du faible degré de sophistication ou de modernisation de l'agriculture), et d'autre part dans le fait que les actifs sont obligés de travailler, en raison de la précarité extrême de leurs conditions de vie.

II. Inégalités face aux revenus

D'un point de vue économique, analyser les inégalités, c'est d'abord et surtout s'intéresser à la distribution des revenus. En effet, dans une société de marché, les inégalités de revenus résument l'essentiel des inégalités économiques.

Dans un premier temps, nous allons analyser l'évolution du revenu par tête au Sénégal. Ensuite, nous nous intéresserons aux inégalités de revenus proprement dites, d'abord de façon générale (au moyen notamment des quantiles et de l'Indice de Gini) et ensuite d'une manière détaillée.

II.1. Le revenu par tête

En 2012, le revenu par tête d'habitant s'élevait au Sénégal à 1.031 $ US, ce qui, du point de vue des classifications internationales, classe le pays dans la tranche intermédiaire des pays à faibles revenus.

Depuis l'indépendance du pays, le revenu par tête a évolué de la façon suivante :

Figure 8 :
Évolution du revenu par tête d'habitants
(en US $ courants)

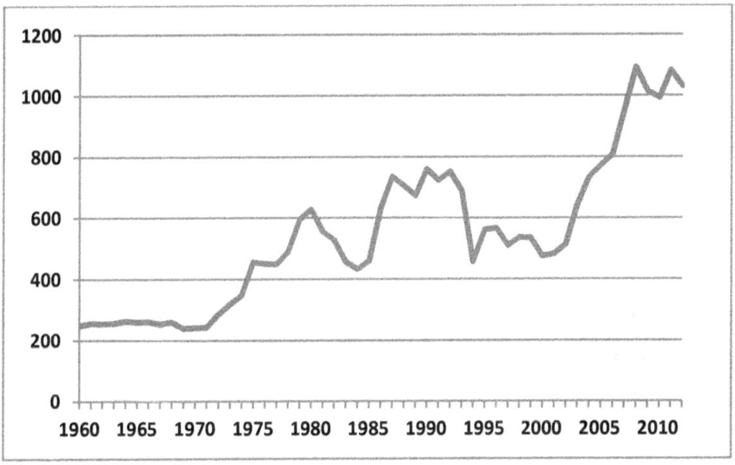

Source : Banque Mondiale, World Development Indicators (2013)

À titre comparatif, le revenu par tête d'habitant se chiffre (en moyenne) à 1.432 $ en Afrique subsaharienne, et à 1.918 $ au sein des pays à revenus intermédiaires. Par contre, le Sénégal fait mieux que les pays pauvres très endettés (PPTE) ou que les pays les moins développés (classification ONU), dans lesquels le revenu par tête d'habitant se chiffre à respectivement 776 $ et 800 $.

II.2. Analyse générale de la distribution des revenus

L'analyse des inégalités dans la répartition de la richesse nationale sera menée au moyen des indicateurs de dispersion (quantiles) d'une part, et d'autre part de l'indice synthétique de Gini.

II.2.1. Analyse par les quantiles

Au Sénégal, la part des revenus détenus par les plus faibles et les plus forts revenus a évolué de la façon suivante entre 1991 et 2011.
Figure 9 :

Figure N° 9 :
Part des revenus détenus par les plus faibles et les plus forts revenus

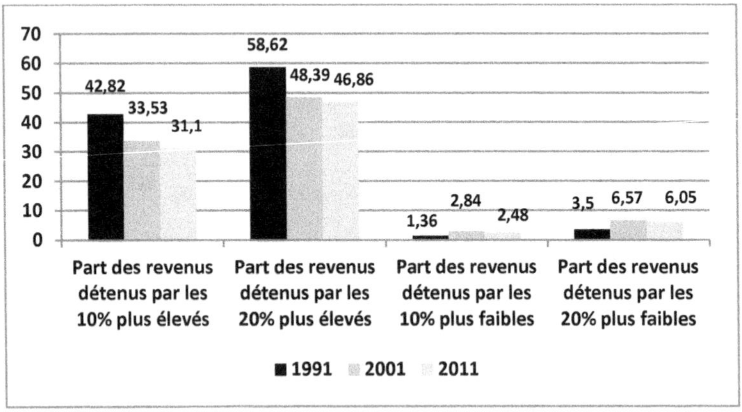

Source : Banque Mondiale, World Development Indicators (2013)

Entre 1991 et 2011, les inégalités dans la distribution des revenus ont certes diminué, mais elles demeurent encore importantes, puisque les 10% des sénégalais à plus forts revenus se partagent 31% de l'ensemble des revenus, alors que les 10% dont les revenus sont les plus faibles se contentent d'à peine 2,4%. À une plus large échelle, 20% des sénégalais à plus forts revenus concentrent 46,8% de l'ensemble des revenus, alors que les 20% dont les revenus sont les plus faibles se partagent seulement 6%[21]. Le rapport de revenus entre les 10% les plus riches et les 10% les plus pauvres s'élève à 12,6. Ce même rapport, entre les 20% les plus riches et les 20% les plus pauvres, se chiffre à 7,5.

II.2.2. Indice de Gini

L'indice de Gini est un indicateur synthétique qui montre dans quelle mesure la répartition des revenus entre les individus ou les ménages au sein d'une population s'écarte ou non de l'égalité parfaite. L'indice de Gini est compris entre 0 (égalité parfaite) et 100 (inégalité absolue)[22].

Au Sénégal, l'indice de Gini a très peu évolué au cours des dernières années : 41,4 en 1994, 41,2 en 2001, 39,1 en 2005, et 40,3 en 2011[23].

Comparativement aux autres pays africains, le Sénégal se situe dans une position intermédiaire ou médiane (Figure 10), puisque relativement éloignée à la fois des pays à plus

---

21 Ces inégalités de revenus ont un impact comparable du point de vue des dépenses de consommation. En effet, les 20% les plus riches ont effectué 37,4% des dépenses totales de consommation en 2011, contre 6,6% pour les 20% les plus pauvres.

22 Cet indice, développé par le statisticien italien Corrado Gini, est calculé à partir de la Courbe de Lorenz, qui indique les pourcentages cumulatifs du total des revenus reçus par rapport au nombre cumulatif des bénéficiaires, en commençant par les individus ou les ménages les plus pauvres.

23 Sur la longue durée, une légère amélioration est cependant constatée, puisque des années 60 jusqu'à la fin des années 80, l'Indice de Gini a oscillé autour de 50.

forts indices (Namibie, Afrique du Sud[24], etc.) et des pays à plus faibles indices (Éthiopie, Niger, Égypte). D'un point de vue international, le Sénégal affiche une concentration de revenus également proche de la moyenne mondiale, qui se situe à 39.

Figure 10 :
Indice de Gini en Afrique (2013)

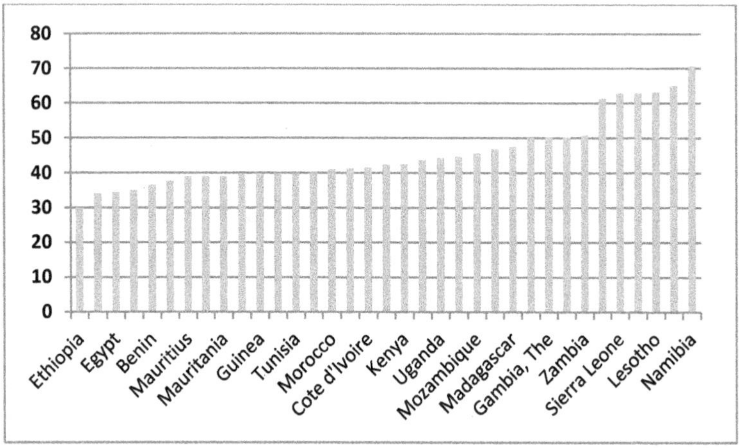

Source : Banque Mondiale, World Development Indicators (2013)

[24] Ces deux pays font d'ailleurs partie de ceux pour lesquels la distribution des revenus est la plus inégalitaire au monde.

II.2.3. Analyse détaillée des inégalités dans la distribution du revenu

Cette section s'intéresse particulièrement aux inégalités du point de vue des tranches de revenus, des niveaux d'étude, des catégories socioprofessionnelles[25], des sources de revenus et des lieux de résidence.

Pour combler le manque de données récentes sur la répartition des revenus, l'analyse s'appuie d'une part sur des données anciennes (en particulier sur celles de l'ESAM-I, qui datent de 1995)[26] et d'autre part, sur les dépenses de consommation des ménages (étant entendu que les écarts de revenus impliquent des disparités, non seulement dans les montants alloués à la consommation, mais aussi, du point de vue de la structure des consommations).

II.2.3.1. Inégalités selon les tranches de revenus

Selon les données de l'ESAM-I (1995), des disparités très importantes existent du point de vue des niveaux et des tranches de revenus (Figure 15). Ainsi, pour ce qui est des tranches de revenus les plus faibles, 14% de Sénégalais avaient un revenu annuel compris entre 100.000 F et

---

25 Il aurait été intéressant de s'intéresser également ici aux inégalités du point de vue de l'âge, de l'origine sociale, ou du genre. Néanmoins, très peu de données existent à ce sujet.

26 Les enquêtes auprès des ménages conduites par l'ANSD (ESPS-I, 2001 ; ESAM-II, 2005 ; ESPS-II, 2011) se sont en effet davantage préoccupées des dépenses de consommation que des revenus à proprement parler. Bien que les données de l'ESAM-I (1995) soient relativement anciennes, elles restent néanmoins intéressantes, dans la mesure notamment où elles fournissent des repères historiques ainsi que des ordres de grandeur qui, étant donné le faible recul de la pauvreté, restent très certainement d'actualité.

300.000 F CFA, tandis que 3,1% avaient annuellement moins de 100.000 F. Pour ce qui est des plus nantis, ils étaient 4,4% à disposer d'un revenu annuel supérieur à 10 millions de francs, et 6% à disposer d'un revenu annuel compris entre 5 et 10 millions de francs CFA. La strate la plus importante (20,7% de la population) disposait d'un revenu annuel compris entre 1 et 2 millions de francs[27].

Les données les plus récentes disponibles du point des dépenses de consommation confirment les grandes tendances ci-dessus indiquées. Plus particulièrement, elles montrent que les quintiles des dépenses de consommation sont restés quasiment inchangés entre 2001 et 2011 (Figure 11). Ainsi, le quintile (20%) le plus riche de la population est responsable de près de 50% de la consommation totale, tandis que pour le quintile le plus pauvre, cette part est comprise entre 6 et 8%.

---

[27] Par rapport aux ménages, le revenu moyen annuel était estimé à 2.231.867 F CFA. Globalement, 50% des ménages sénégalais avaient un revenu annuel inférieur à 763.758 F, tandis que 4,3% avaient un revenu annuel inférieur à 600.00 F. Pour ce qui est des ménages les plus aisés, ils étaient 3,2% à disposer de revenus annuels supérieurs à 10 millions de F, et 4,7% à percevoir des revenus annuels compris entre 5 et 10 millions.

Figure 11 :
Répartition (en %) des dépenses de consommation par quintile de population

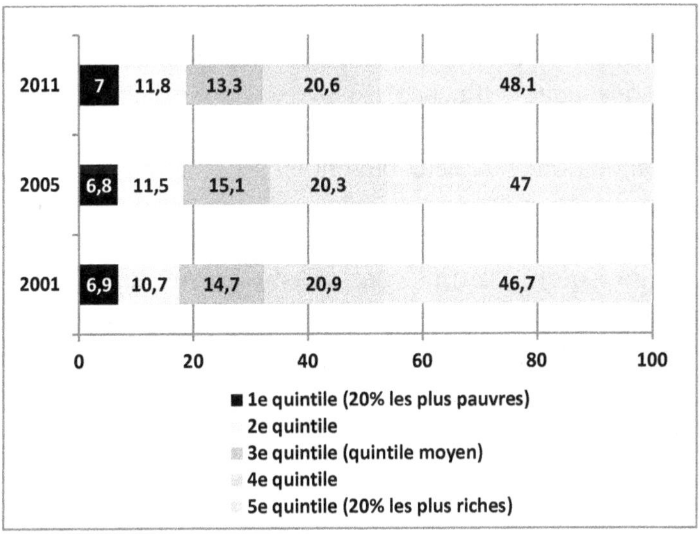

Source : ANSD (2001 ; 2005 ; 2011)

De même, pour ce qui est du ratio entre la proportion de la consommation attribuée au quintile des plus riches et celle du quintile des plus pauvres, il n'a quasiment pas varié entre 2001 et 2011 et, est resté stable autour de 7[28], ce qui signifie donc que le quintile des plus riches de la population consomme sept fois plus que le quintile des plus pauvres. Globalement, tous ces chiffres montrent que les inégalités sont restées stables.

28 Plus exactement, ce ratio s'est chiffré à 6,7 en 2001, à 7 en 2005, à 6,9 en 2011.

II.2.3.2. Inégalités selon les niveaux d'études

Les données disponibles indiquent non seulement que les dépenses de consommation des ménages sont très fortement influencées par les niveaux d'éducation, mais aussi que cette influence est assez stable dans le temps (Figure 12). En effet, le rapport des dépenses de consommation entre ceux qui ont eu accès à l'enseignement supérieur et les autres catégories est resté quasiment inchangé entre 1995 et 2005. En particulier, celui-ci est resté de l'ordre du triple par rapport à ceux qui n'ont eu aucun niveau d'étude, et du double par rapport à ceux qui ont eu seulement accès à l'enseignement élémentaire.

Figure 12 :
Revenus annuels des personnes et des ménages en fonction des niveaux d'éducation

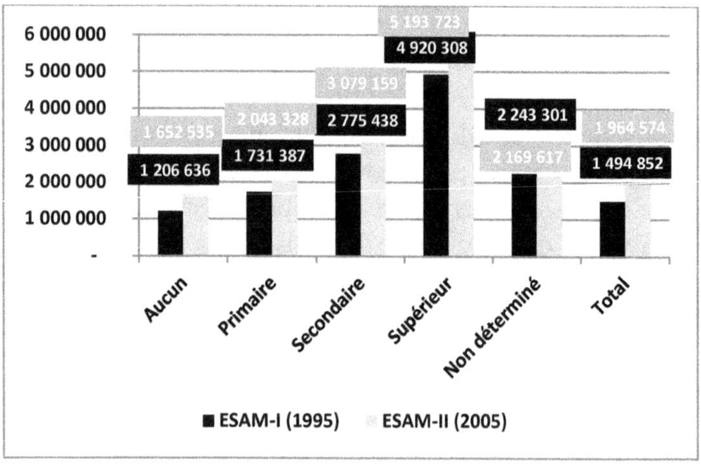

Source : Estimations de l'auteur à partir des données de l'ANSD (ESAM I et II)

En définitive, ceux qui ont bénéficié des niveaux d'éducation les plus élevés captent une part des dépenses de consommation largement plus importantes que leur poids démographique[29]. Ainsi, les deux catégories supérieures (enseignement supérieur et enseignement secondaire), alors qu'elles représentent seulement 11% des ménages, concentrent néanmoins près de 23-24% des dépenses totales de consommation.

Tableau 1 :
Répartition des ménages et des dépenses annuelles de consommation selon le niveau d'études

Niveaux d'éducation	Ménage (en % de la population totale)		Part (en %) dans les dépenses totales de consommation	
	ESAM-I (1995)	ESAM-II (2005)	ESAM-I (1995)	ESAM-II (2005)
Aucun	76,90	71,79	62,10	60,39
Primaire	11,00	12,97	12,70	13,49
Secondaire	8,40	11,51	15,50	18,05
Supérieur	2,30	2,57	7,40	6,80
Non déterminé	1,40	1,15	2,30	1,27

Source : Estimations de l'auteur à partir des données de l'ANSD (ESAM I et II)

[29] Le niveau d'éducation retenu pour le ménage étant celui du conjoint détenant le plus haut niveau d'éducation.

II.2.3.3. Inégalités selon les catégories socioprofessionnelles

Les enquêtes les plus récentes disponibles (ESPS-I, ESAM-II, ESPS-II) étant muettes quant à la répartition des dépenses selon les catégories socioprofessionnelles, l'analyse qui est menée s'appuie sur les données de l'ESAM-I (ANSD, 1995). Sa valeur est donc surtout historique. Encore une fois, des écarts très importants sont mis ici en évidence, du point de vue notamment de la répartition des dépenses (Figure 13). En particulier, les dépenses moyennes des cadres représentent plus du double de celles des ouvriers, et elles sont presque quatre fois plus importantes que celles des employeurs et indépendants agricoles (la dualité des revenus entre les milieux urbains et ruraux est également révélée ici)[30]. Par ailleurs, les cadres supérieurs, qui représentent 4,5% des ménages, réalisent 11,5% des dépenses totales de consommation. A l'opposé, les employeurs et indépendants agricoles, qui représentent presque 50% des ménages, ne bénéficient que du quart des dépenses totales de consommation.

[30] Il peut sembler *a priori* étonnant que les inactifs aient un niveau de dépenses supérieur à leur poids démographique. L'explication réside cependant dans l'importance des transferts volontaires dont ils peuvent bénéficier (et donc du poids des réseaux de solidarité).

Figure 13 :
Répartition des ménages et des dépenses de consommation selon les catégories socioprofessionnelles

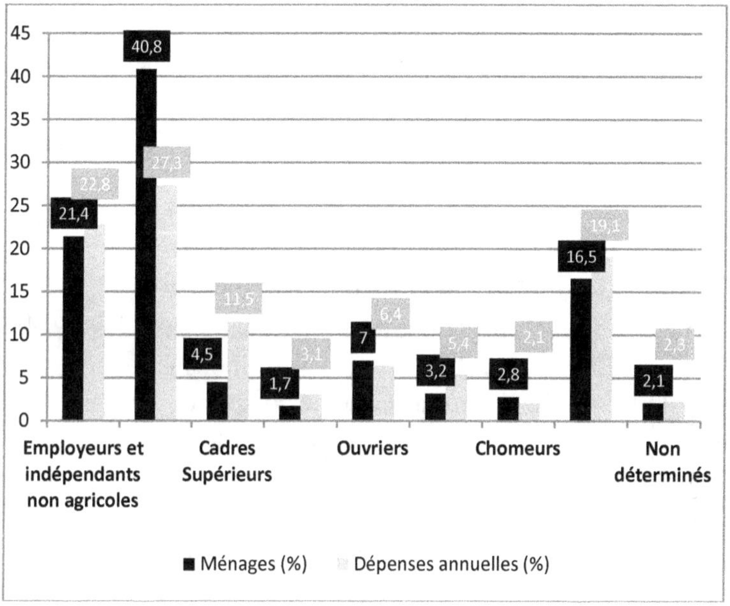

Source : Estimation de l'auteur à partir des données de l'ANSD (ESAM I)

II.2.3.4. Inégalités face aux sources de revenus

Traditionnellement, on considère que les revenus des ménages résultent de la rémunération d'une activité professionnelle (salariée ou indépendante), d'éléments de leur patrimoine[31], ou encore de ressources de transferts

[31] Dans leur acception la plus large, les revenus du patrimoine comprennent les loyers fictifs (ceux que chaque propriétaire est censé se payer lui-même en tant que propriétaire de sa résidence principale ou secondaire), les loyers réels (ceux qui sont perçus du fait de la mise en location de biens immobiliers : terres, terrains, appartements, locaux, etc.), les revenus courants du patrimoine financier (intérêts et dividendes), et enfin les plus

(publiques ou privées). Au Sénégal, très peu de données précises ou fiables existent pour ce qui est des revenus non salariaux. Autrement dit, on connait très mal ou avec peu de précision, les montants exacts des revenus que les ménages tirent des activités indépendantes, de leur patrimoine ou des transferts. Néanmoins, quelques estimations anciennes existent (DPS, 1995) et elles indiquent notamment les parts suivantes pour les différentes catégories de revenus : 44,2% pour les revenus d'activités non salariées, 24,4% pour les revenus salariés, 12,5% pour les revenus tirés de la propriété, et 18,9% pour les revenus de transferts.

Plus récemment, l'enquête nationale sur les PME (ANSD, 2013) a estimé le salaire (mensuel) moyen à 157.060 F CFA, et a montré que les disparités salariales en fonction des catégories socioprofessionnelles étaient considérables. Ainsi le salaire moyen du cadre supérieur, qui s'élève à 523.287 F CFA, est cinq fois plus important que celui d'un ouvrier-manœuvre-apprenti, quatre fois plus important que celui d'un technicien ou agent de maitrise, et représente plus du double de celui d'un cadre moyen.

---

ou moins-values enregistrées dans la valeur même des différents éléments du patrimoine.

II.2.3.5. Inégalités selon les lieux de résidence

Nous allons nous intéresser à nouveau à toutes les inégalités de revenus tantôt étudiées, mais désormais en nous focalisant uniquement sur leurs dimensions spatiales. Il en ressort principalement que les disparités de revenus sont très fortes selon les lieux de résidence et, en particulier, entre les zones urbaines et les zones rurales.

II.2.3.5.1. Rappel de quelques tendances historiques (années 90)

Au milieu des années 90 (ESAM-I, 1995), le revenu annuel moyen par tête en milieu rural était sept fois moins important qu'à Dakar, et quatre fois moins élevé que dans les autres centres urbains (Figure 14). En termes de niveaux ou de qualité de vie, de tels écarts sont considérables.

Figure 14 :
Écarts de revenus (revenus par tête en milliers de francs et parts dans le revenu total) selon les lieux de lieux de résidence

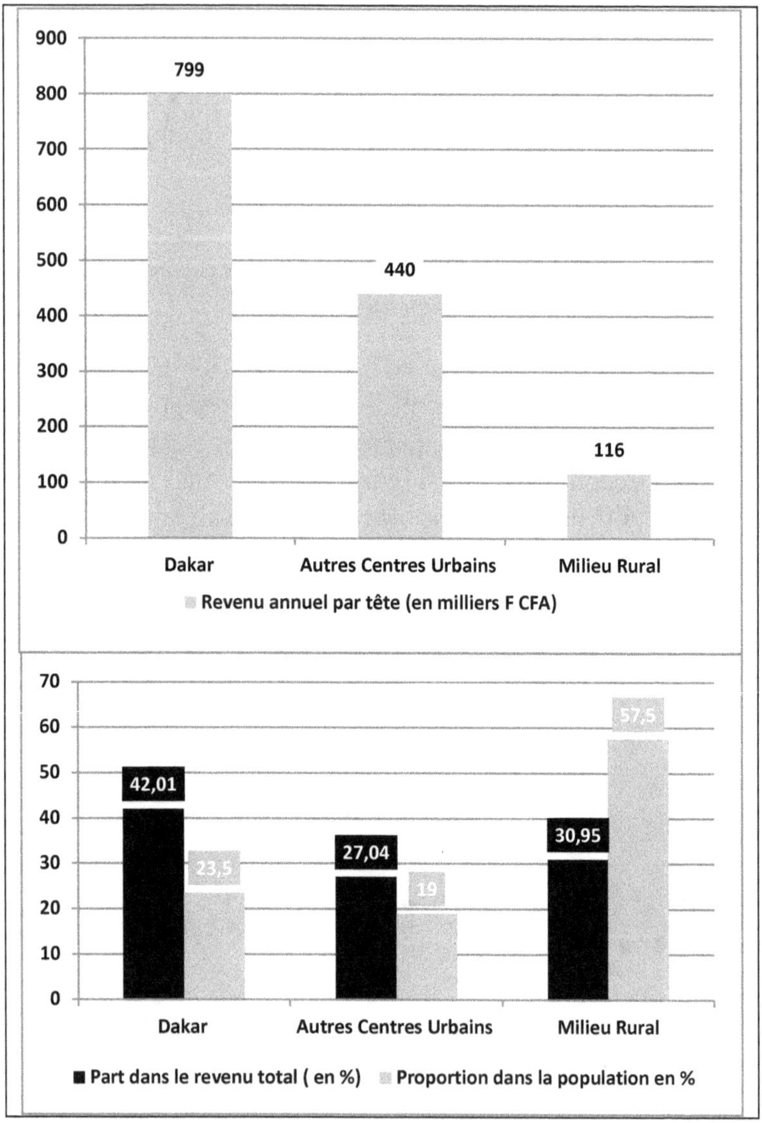

Source : ANSD (1995)

Par ailleurs, la tranche de revenus annuels la plus fréquente auprès des populations rurales se situait entre 300.000 et 600.000 F CFA (ils sont en effet 25,3% dans ce cas de figure), alors que pour les populations dakaroises et des autres centres urbains, cette tranche était comprise entre 2.000.000 et 5.000.000 F CFA (respectivement 30,2% et 28,2% des populations urbaines appartenaient à cette tranche)[32]. Enfin, en milieu rural, seulement 1,9% des populations avaient un revenu annuel supérieur à 10.000.000 F CFA.

Tableau 2 :
Répartition de la population selon les tranches de revenus et les lieux de résidence

Tranches de revenus (en F CFA)	Milieu de résidence			Total
	Dakar	Autres villes	Milieu Rural	
Moins de 100 000	5,3	1,4	6,2	5
100 000 - 300 000	5,6	3,5	29	18,6
300 000 - 600 000	11,5	14,6	25,8	20,3
600 000 - 1 000 000	13,7	16,7	14,7	14,9
1 000 000 - 2 000 000	23	25,5	15	18,8
2 000 000 - 5 000 000	25,1	24,3	6,9	14,5
5 000 000 - 10 000 000	11,1	6,7	1,4	4,7
10 000 000 et +	4,7	7,3	1	3,2

Source : ANSD (1995)

[32] Autre résultat important relevé par l'ESAM-I : alors qu'au niveau national, 50% de la population disposent d'un revenu global annuel inférieur à 975.839 F, ce ratio se situe à 2.175.325 F à Dakar, à 1.930.328 F dans les autres centres urbains, et à seulement 600.000 seulement en milieu rural. Au niveau de la distribution des revenus, les mêmes disparités sont observées, selon le milieu urbain ou rural.

La répartition des ménages urbains et ruraux selon les tranches de revenus conduit à des ordres de grandeurs comparables à ceux précédemment indiqués (Tableau 3).

Tableau 3 :
Répartition des ménages selon les tranches de revenus et les lieux de résidence

Tranches de revenus (en F CFA)	Dakar	Autres villes	Milieu Rural	National
Moins de 100.000	3,1	0,6	3,6	3,1
100.000 à 300.000	3,4	2,1	21,1	14
300.000 à 600.000	8	10,3	25,3	18,9
600.000 à 1.000.000	10,7	14,3	16,6	14,9
1.000.000 à 2.000.000	23,6	24,4	18,6	20,7
2.000.000 à 5.000.000	30,2	28,2	10,8	18
5.000.000 à 10.000.000	14,7	8,9	2,1	6
10.000.000 et +	6,3	11,2	1,9	4,4

Source : ANSD (1995)

Du point de vue de la composition du revenu selon l'origine ou la source, d'importants écarts existent entre les milieux urbains et ruraux, surtout pour ce qui est de la part des rémunérations d'activités non salariées ainsi que celle des salaires (Figure 15). Certes, le salariat est globalement peu développé mais, il reste surtout concentré dans les zones urbaines. Par contre, dans les zones rurales, la source principale des revenus est constituée par les rémunérations d'activités indépendantes.

Figure 15 :
Composition du revenu (en fonction des différentes sources de revenus) selon les lieux de résidence

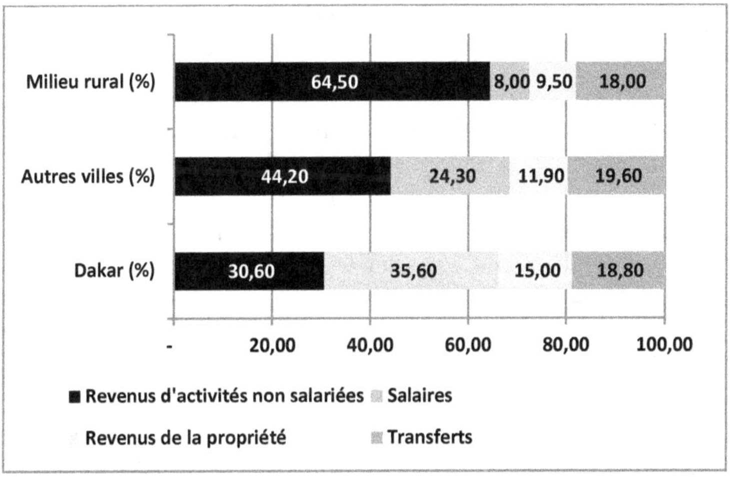

Source : ANSD (1995)

La contribution des salaires dans les revenus totaux des ménages est néanmoins caractérisée par de profondes disparités du point de vue des lieux de résidence. En effet, alors que cette part s'élève à 23,3% au niveau national, elle est de 35,6% à Dakar, 24,3% dans les autres centres urbains et 8% en milieu rural.

II.2.3.5.2 Analyse à partir des dépenses de consommation

A défaut de données récentes et précises relatives aux revenus des ménages, nous allons nous appuyer sur les dépenses de consommation afin d'appréhender ces niveaux de revenus.

II.2.3.5.2.1. Analyse générale

Entre 2001 et 2011, les dépenses de consommation des ménages ont connu une forte croissance (28%). Le rythme d'accroissement de ces dépenses a été cependant fort inégal dans l'espace : 28% à Dakar, 49% dans les autres centres urbains et 19% dans les zones rurales (Figure 27).

Figure 16 :
Évolution (2001/2011) des dépenses totales de consommation (en milliards F CFA) selon les lieux de résidence

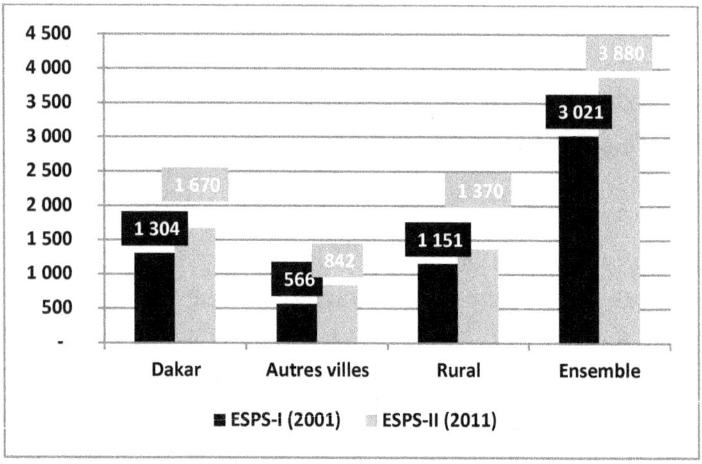

Source : ANSD (2001, 2011)

Malgré ces inégalités spatiales dans le rythme d'accroissement des dépenses, la répartition globale des dépenses de consommation selon les lieux de résidence est restée relativement stable, du fait principalement des contrastes observés en fonction de l'évolution du nombre de ménages (Figure 17).

Figure 17 :
Répartition (en %) des dépenses totales de consommation selon les lieux de résidence

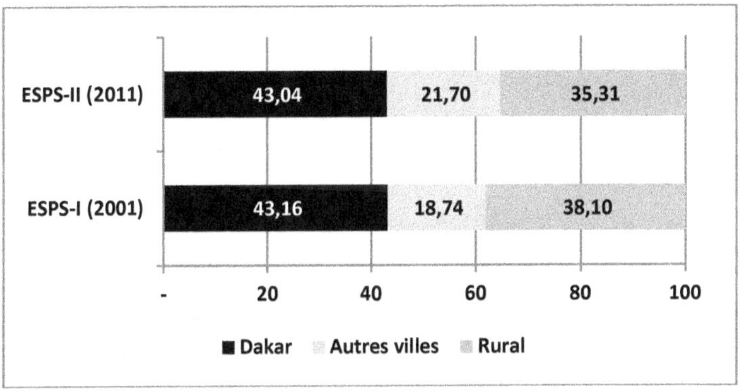

Source : ANSD (2001, 2011)

En fonction des dépenses annuelles moyennes des individus ainsi que des ménages, les évolutions observées entre 2001 et 2011 sont plus contrastées. En effet, la dépense annuelle moyenne des ménages a augmenté deux fois plus vite dans les villes (15-18%) que dans les zones rurales (9%), tandis que la dépense annuelle moyenne par tête a connu une croissance beaucoup plus forte dans les autres centres urbains (15%) qu'à Dakar (7%) ou dans les zones rurales (9%).

Figure 18 :
Évolution (2001/2011) de la dépense annuelle moyenne au sein de la population et selon le milieu de résidence

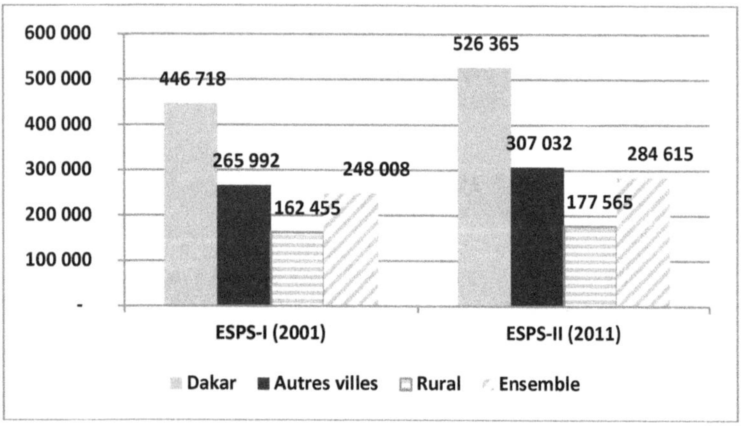

Source : ANSD (2001, 2011)

Figure 19 :
Évolution de la dépense annuelle moyenne des ménages selon le milieu de résidence (2001 et 2011)

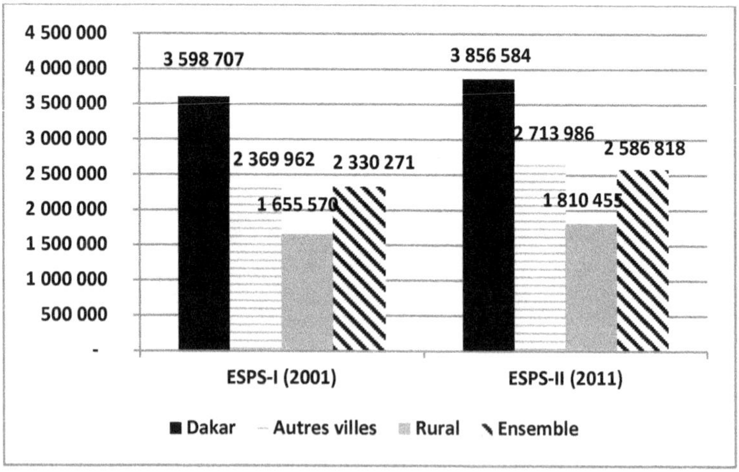

Source : ANSD (2001, 2011)

Les dépenses totales des ménages sont ainsi reparties en 2011 : 43,0% par les Dakarois, 21,7% par les citadins des autres villes et 35,3% par les ruraux[33]. Cette répartition cache une disparité énorme, d'une part entre Dakar (qui abrite 23,6% de la population totale) et le reste du pays (73,4% de la population en 2011), et d'autre part entre les citadins (qui représentent 46% de la population) et les ruraux (56% de la population).

En ce qui concerne les dépenses moyennes en fonction des lieux de résidence, les écarts observés sont considérables[34]. Ainsi, les revenus annuels moyens sont un peu plus de deux fois plus élevés à Dakar qu'en milieu rural : le rapport se chiffre ici à 2,17 en 2001 (ESPS-I), et à 2,13 en 2011 ((ESPS-I), contre une fois et demi comparativement aux autres villes (ratio de 1,52 en 2001 et de 1,42 en 2011). Quant au rapport entre les autres villes et le milieu rural, il se situe également autour d'un et demi (ratio de 1,43 en 2001 et de 1,5 en 2011). Par ailleurs, entre 2001 et 2011, les écarts dans les dépenses de consommation entre les riches et les pauvres sont restés constants, quelle que soit la zone considérée[35].

Globalement, les quintiles de consommation sont restés relativement stables à la fois en valeur et dans le temps, et

---

33 Globalement, la population urbaine couvre donc 64,7% de la dépense totale annuelle, contre 35,3% pour la population rurale.

34 En 2011, la dépense moyenne d'un dakarois s'élevait à 1.442 FCFA par jour, contre 841 F CFA pour le citadin d'une autre ville, et seulement 486 F CFA pour le villageois. Les dakarois dépensent donc presque deux fois plus que les autres citadins et trois fois plus que les ruraux. L'écart entre les populations des autres villes et la campagne n'est pas moins significatif, même si l'ampleur est moindre : un citadin résidant hors de Dakar dépense quasiment deux fois plus qu'un villageois.

35 Si on remonte encore plus loin dans le temps, les mêmes ordres de grandeur sont observés dans les écarts. Ainsi, en 1995, la dépense moyenne par personne à Dakar était 2,8 fois plus élevée qu'en milieu rural, et 1,8 fois plus élevée que dans les autres villes (ANSD, ESAM-I).

cela, tant en milieu urbain qu'en milieu rural. Par ailleurs, par rapport aux quintiles de consommation, les écarts sont considérables entre les catégories extrêmes : en effet, quels que soient les lieux de résidence, les 20% les plus riches concentrent près de 40% de la consommation totale, contre 7-8% pour les 20% les plus pauvres (soit un ratio de l'ordre du quintuple)[36]. Les différences très légères quant aux écarts des dépenses entre les centres urbains et le milieu rural indiquent que les inégalités sont également fortes, même là où elles sont habituellement supposées moins marquées. En effet, on a plutôt tendance à croire que les couches sociales sont plus homogènes en milieu rural, autrement dit, que la différenciation sociale y est moins importante. Or, ce que montrent les chiffres, c'est que la distribution des dépenses de consommation est toute aussi inégalitaire en milieu urbain[37] qu'en zone rurale.

---

[36] On remarque également que le quatrième quintile bénéficie, tant en milieu urbain que rural, d'à peine légèrement plus que les 20% qui lui seraient dus si la consommation était équitablement répartie.

[37] Même si des écarts profonds y subsistent entre les plus riches et les plus pauvres, il est vrai cependant que, comparativement à Dakar, les ressources semblent plus égalitairement réparties dans les autres centres urbains.

Figure 20 :
Évolution (2001/2011) des quintiles des dépenses de consommation selon les lieux de résidence

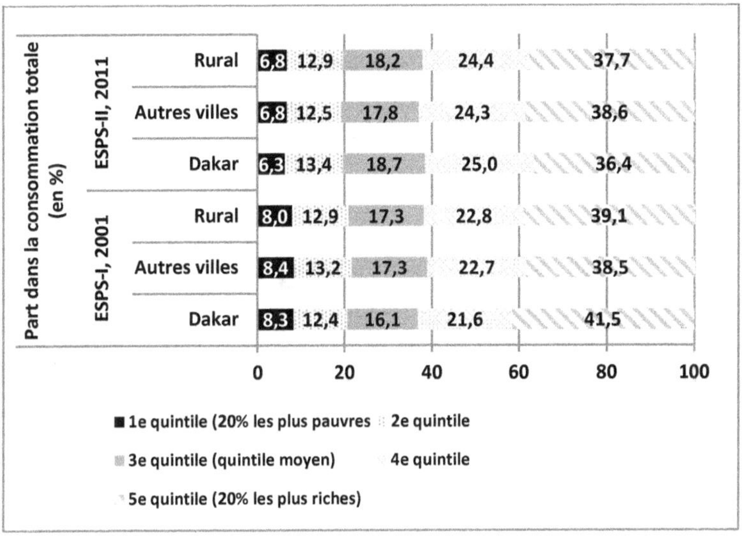

Source : ANSD (2001, 2011)

Les indications fournies par les dépenses de consommations sont globalement conformes aux tendances qui se dégagent des récentes enquêtes de l'ANSD relativement à la perception par les ménages eux-mêmes de la catégorie de revenus à laquelle ils appartiennent (ANSD, 2011). En effet, ces enquêtes de perception montrent que le nombre de personnes qui se considère comme très pauvres est deux fois plus important en zone rurale qu'à Dakar et à l'inverse, 61% des citadins estiment appartenir aux catégories moyennes, contre 48% pour les ruraux (Figure 21).

Figure 21 :
Niveau de perception (%) des ménages de la catégorie de revenus et selon les lieux de résidence

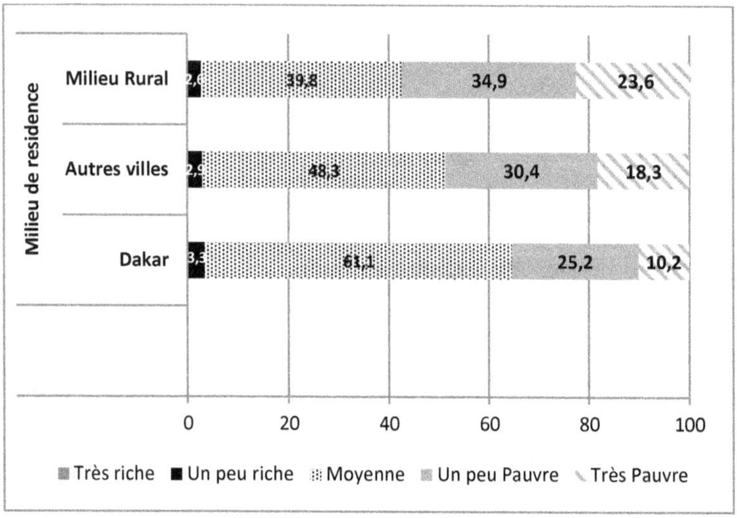

Source : ANSD (2011)

II.2.3.5.2.2. Analyse de la structure des dépenses

La structure des dépenses selon le milieu de résidence varie sensiblement, et cela s'explique principalement par les différences entre les citadins et les ruraux, par rapport aux habitudes de consommation, mais aussi des capacités à payer ou à accéder à certains biens et services.

Comparativement, entre 2001 et 2011, en fonction des lieux de résidence, cette structure des dépenses a été la suivante :

Tableau 4 :
Structure des dépenses (en %) selon le milieu et les principaux postes de dépenses et selon les lieux de résidence

	Dakar		Autres Villes		Milieu Rural		National	
	2001	2011	2001	2011	2001	2011	2001	2011
Alimentation, boissons, tabacs	36,4	39,3	48,0	52,9	56,6	68,7	46,2	52,5
Habillement et chaussures	6,5	6,40	5,1	4,50	5,9	3,40	6,0	5,00
Logement (eau, électricité, mobilier, etc.)	30,1	34,3	24,9	28,4	16,4	18,2	23,9	27,7
Santé	3,0	3,30	1,9	3,10	1,9	3,70	2,4	3,40
Transport et communication	7,6	6,8	4,9	4,4	3,5	2,2	5,5	4,8
Loisirs et culture	1,1	0,10	0,8	0,20	0,4	-	0,8	0,10
Enseignement	1,5	4,50	0,6	2,10	0,2	0,60	0,8	2,40
Hôtels et restaurants	1,4	2,30	0,9	0,60	1,0	0,30	1,2	1,20
Autres biens et services divers	12,4	2,90	12,9	3,80	14,1	2,70	13,2	3,00

Source : ANSD (2001, 2011)

Les principaux enseignements à tirer de ce tableau sont les suivants.

Premièrement, les ruraux, moins nantis, affectent une part plus importante de leurs dépenses à l'alimentation[38], avec une forte tendance haussière entre 2001 et 2011 (ainsi, au cours de la période, la part des dépenses affectée à l'alimentation a connu une hausse, en valeur relative, de 21%). Ensuite, les citadins, et particulièrement les Dakarois, dépensent plus pour les postes du logement (entre Dakar et les milieux ruraux, le rapport est quasiment du simple au double), du transport et de la communication, et de l'enseignement. En revanche, pour la santé et par rapport à

---

[38] Une telle structure de dépenses est toutefois caractéristique d'un pays pauvre.

leur budget, les ruraux ont dépensé en 2011 autant que les Dakarois (3,3%) et plus que les autres citadins (3,1%), ce qui s'explique très certainement par le caractère non discrétionnaire attaché à une telle dépense.

II.3. Inégalités face à la fiscalité

L'analyse des inégalités face à la fiscalité est d'autant plus intéressante à étudier au Sénégal que les politiques et réformes fiscales ont davantage été influencées par les objectifs de croissance économique et d'équilibre des finances publiques que par les principes canoniques de justice et d'équité fiscales[39].

L'analyse est menée en deux étapes. Dans un premier temps, nous nous intéressons à la structure des recettes fiscales et par la suite, nous aborderons les inégalités face au système fiscal.

II.3.1. Structure des recettes fiscales

Les recettes fiscales couvrent l'ensemble des prélèvements obligatoires levés sur les citoyens par voie d'autorité, à titre définitif, sans contrepartie, pour la couverture des charges publiques. Au Sénégal, l'analyse de la structure des recettes publiques montre que le budget est essentiellement alimenté par les ressources fiscales.

En 2013, par exemple, les recettes fiscales se sont chiffrées à 1.381,2 milliards F CFA, soit l'équivalent de

---

[39] De ce point de vue, la récente réforme du Code Général des Impôts (cf. loi 2012-31 du 31 décembre 2012) introduit peut-être une rupture, puisque l'un de ses objectifs déclarés est également d'améliorer la justice et l'équité fiscales. L'exposé des motifs de ladite loi stipule en effet que la « *réforme constitue pour l'État l'occasion de promouvoir entre les contribuables une meilleure justice fiscale* ».

93,6% des recettes budgétaires[40]. Le taux de pression fiscale (mesuré par le ratio recettes fiscales/PIB) s'est chiffré en 2013 à 18,7%, et depuis plus d'une décennie, il varie autour de 18-20%[41]. Ces recettes fiscales proviennent à la fois d'impôts directs et indirects.

Tout d'abord, en ce qui concerne les impôts directs, ils se subdivisent en deux principales catégories : les impôts sur les revenus et les autres catégories d'impôts directs. Les impôts sur le revenu se divisent en impôt sur le revenu des personnes physiques (*impôt sur le revenu* ou IR)[42] et en impôt sur le revenu des personnes morales (impôt sur les sociétés ou IS)[43]. Pour ce qui est des autres catégories d'impôts directs, il s'agit principalement de l'IRVM/IRCM (impôt sur le revenu des capitaux mobiliers, impôt sur le revenu des valeurs mobilières), de la taxe sur la plus-value immobilière, ainsi que de la CFCE (contribution forfaitaire à la charge de l'entreprise).

Au total, les recettes issues des impôts directs se sont chiffrées en 2013 à 389,9 milliards de F CFA, soit 28,15% des recettes fiscales et 26,4% des recettes budgétaires. Dans la catégorie des impôts directs, l'IR est celui qui rapporte le plus à l'État (Tableau 5). En 2013, son montant a été évalué

40 Par contre, les recettes non fiscales s'élèvent à seulement 90,2 milliards, soit à peine 6% des recettes budgétaires.

41 Le taux minimal de pression fiscale est fixé par l'UEMOA à 20%. Le Sénégal est donc très proche de ce critère.

42 L'IR s'applique au Sénégal à différentes catégories de revenus dont les plus importants sont (i) les revenus fonciers, (ii) les revenus des capitaux mobiliers, (iii) les traitements, salaires, indemnités, émoluments pensions et rentes viagères. L'IR frappe l'ensemble des revenus (de source sénégalaise comme de source étrangère) des personnes physiques dont le domicile fiscal est situé au Sénégal, quelle que soit leur nationalité.

43 L'impôt sur les sociétés (IS) frappe les revenus des personnes morales. C'est un impôt dû par les sociétés et certaines personnes morales sur les bénéfices provenant des entreprises exploitées au Sénégal. Son taux est fixé dans le nouveau code général des impôts à 30% des bénéfices réalisés par les entreprises (contre 25% avant la réforme).

à 214 milliards F CFA, soit 54,9% des recettes totales tirées de l'imposition directe, 15,54% des recettes fiscales et 14,5% des recettes budgétaires (Figure 22). Cette prédominance de l'IR s'explique par l'efficacité de ses modalités de collecte (retenue à la source). Par contre, les autres impôts directs étant soumis au principe de la déclaration, ils sont davantage exposés aux risques de fraude ou d'évasion fiscale. Il s'y ajoute, pour ce qui concerne notamment l'IS, les nombreuses dépenses fiscales[44] dont bénéficient les entreprises. Quant aux autres impôts directs, leur contribution aux recettes fiscales est très faible.

Tableau 5 :
Contribution (en %) des différentes catégories d'impôts dans les recettes tirées de l'imposition directe

	2004	2009	2010	2011	2012	2013
Impôts sur les sociétés	38,71	27,36	31,30	28,36	28,54	34,80
Impôts sur le revenu	47,53	60,89	56,34	61,17	59,66	54,99
IRVM/IRCM	8,54	7,61	8,61	6,22	7,39	5,33
Taxe sur la plus-value immobilière	0,73	0,63	0,56	0,67	0,63	0,74
CFCE	4,49	3,51	3,19	3,59	3,78	4,13

Source : Estimations de l'auteur à partir du tableau des opérations financières de l'État (2004, 2009, 2013)

44 Les dépenses fiscales représentent les pertes de recettes pour l'État, suite à des dispositions spéciales dérogeant au droit commun, et visant à favoriser un comportement économique particulier de la part de contribuables ou à de subventionner certains groupes sociaux.

Figure 22 :
Contribution de l'impôt sur le revenu aux impôts directs, aux recettes fiscales et aux recettes budgétaires

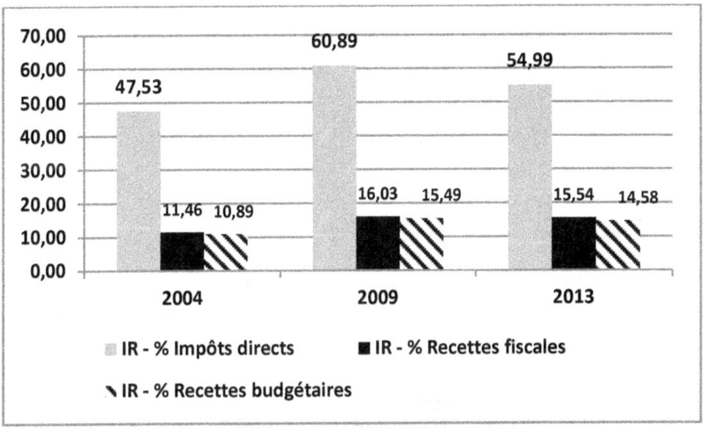

Source : Estimations de l'auteur à partir du tableau des opérations financières de l'État (2004, 2009, 2013)

Quant aux impôts indirects, ils sont formés principalement par les impôts sur le chiffre d'affaires et les droits de Douane. Pour ce qui est tout d'abord des impôts sur le chiffre d'affaires, il s'agit avant tout de la taxe sur la valeur ajoutée (TVA), qui frappe les livraisons de biens (vente, achat, fourniture d'eau, d'électricité, etc.) et les prestations de services (tout ce qui n'est pas livraisons de biens). Depuis 2012, a été instituée la taxe sur les activités financières (TAF), qui s'applique à toutes les rémunérations perçues sur les opérations financières, à l'exclusion du mandat postal. Quant aux droits de Douane, au sens large, ils couvrent la taxation des produits lors de l'importation et de l'exportation des marchandises. Ils ont une fonction de protection du territoire national.

Les impôts indirects se sont chiffrés en 2013 à 880,4 milliards F CFA, soit 63,79% des recettes fiscales et 58,8% des recettes budgétaires. Ils représentent également plus du double des recettes fournies par les impôts directs. Cette « rentabilité » plus importante des impôts indirects s'explique par leur nature, étant donné qu'ils ne prennent pas en compte, sauf exception, la capacité contributive des citoyens. De tous les impôts indirects, c'est la TVA qui rapporte le plus de ressources, avec une contribution qui dépasse notamment 50% (Figure 23). En 2013, la TVA a permis de collecter 512 milliards F CFA, soit 52,8% des recettes tirées de l'imposition indirecte, 37,48% des recettes fiscales et 34,8 des recettes budgétaires (Figure 24).

Figure 23 :
Contribution (en %) des différentes catégories d'impôts dans les recettes tirées de l'imposition indirecte

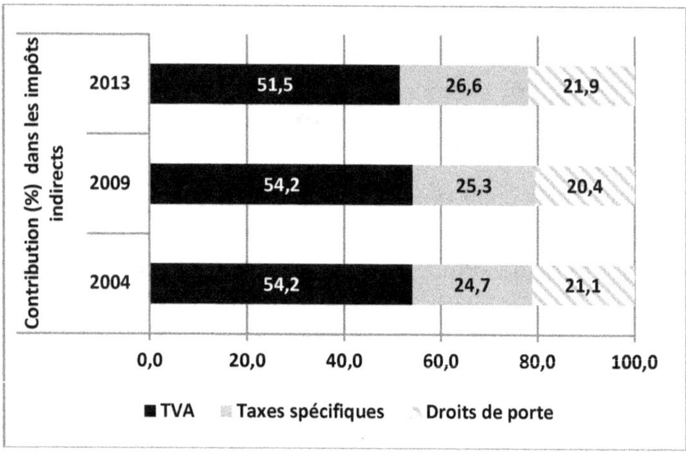

Source : Estimations de l'auteur à partir du tableau des opérations financières de l'État (2004, 2009, 2013)

Figure 24 :
Contribution de la TVA aux recettes fiscales et budgétaires

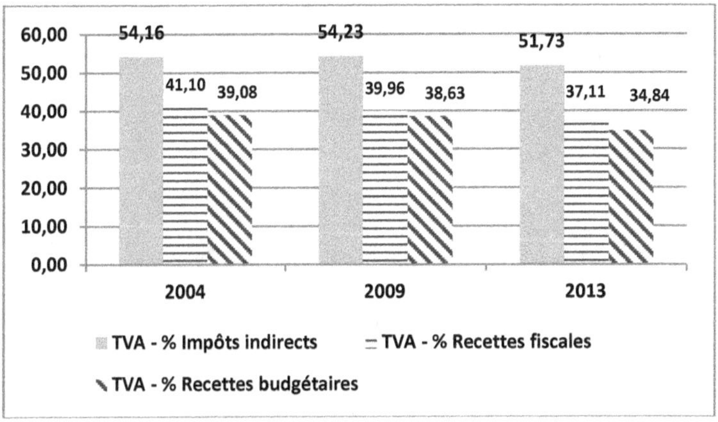

Source : Estimations de l'auteur à partir du tableau des opérations financières de l'État (2004, 2009, 2013)

II.3.2. Une pression fiscale plus forte sur les ménages, et en particulier sur les salariés

L'importance de la pression fiscale sur les ménages est clairement ressortie de l'analyse précédente de la structure des ressources fiscales. En effet, ces ménages supportent non seulement une grande partie des impôts indirects (consommateurs finaux pour la TVA), mais subissent également lourdement la fiscalité directe. Le fardeau de la pression fiscale est donc inégalement réparti, puisqu'il est davantage supporté par les ménages et beaucoup moins par les entreprises. Ainsi, entre 1997 et 2011 (Figure 25), cette pression fiscale a été comprise entre 15-17% pour les ménages[45], contre à peine 3% pour les entreprises[46]. Au

[45] La pression fiscale sur les ménages est calculée en rapportant les impôts et taxes payés par les ménages sur le PIB nominal.

total, les ménages sénégalais s'acquittent de plus de 80% des recettes fiscales.

Figure 25 :
Évolution (1997/2011) de la pression fiscale sur les ménages

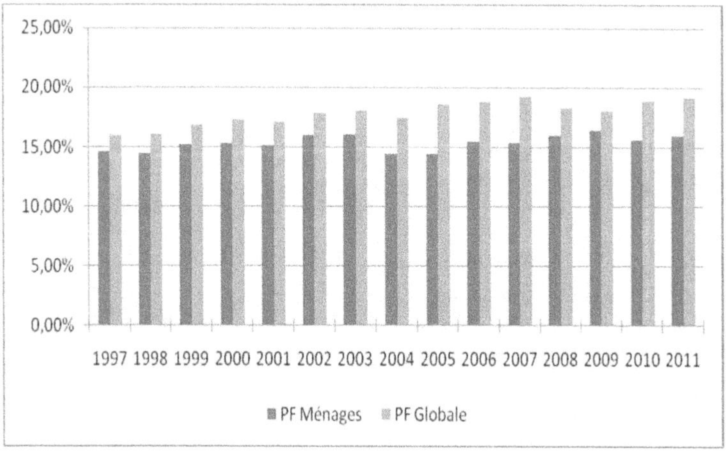

Source : Niane (2015)

Si les ménages sont lourdement taxés, il n'en demeure pas moins qu'une grande partie de ces ménages échappe à l'impôt, et plus exactement à l'imposition directe. De ce point de vue, il y a donc rupture d'égalité et plus particulièrement, il n'y a pas d'équité horizontale, puisque la règle selon laquelle la loi fiscale doit « *être égale pour*

[46] La pression fiscale sur les entreprises représente le rapport entre les impôts et taxes payés par les entreprises et le PIB nominal (il peut donc s'interpréter de façon simple comme le poids des impôts sur leur activité économique). Au Sénégal, la faiblesse de cette pression fiscale sur les entreprises résulte (i) du taux d'imposition relativement modéré (25% depuis 2007, puis 30% en 2012), (ii) de la prolifération des dépenses fiscales, (iii) du non-assujettissement, sauf cas exceptionnel, des entreprises à la TVA, (iv) de la faible compétitivité des unités productives, (v) de la fraude fiscale structurelle (facilitée par la faible performance du système de contrôle fiscal).

tous » n'est pas respectée[47]. En effet, le salariat étant peu développé, seule une faible minorité de sénégalais est concernée par les impôts sur les salaires et traitements (dont le prélèvement se fait à la source). De plus, les salaires représentent moins de 25% des revenus des ménages sénégalais. Par conséquent, l'impôt sur le revenu, bien qu'il contribue à hauteur de 54,9% de l'imposition directe et de 15,54% de l'ensemble des recettes fiscales, ne frappe en réalité qu'une minorité de contribuables.

Cela signifie que des contribuables et des revenus échappent au système fiscal, du fait de l'étroitesse de l'assiette de la fiscalité directe qui est essentiellement constituée des traitements et des salaires[48]. Il y a injustice fiscale dès lors que l'administration fiscale reporte, de fait, la charge fiscale sur les contribuables ou les revenus connus, pour compenser le fait que d'autres contribuables ou revenus lui échappent.

Au-delà, cette question renvoie à la nécessité d'élargir l'assiette fiscale, afin que le moins possible de contribuables potentiels n'échappe à l'impôt. Contrairement à ce que l'on aurait tendance à croire, le secteur informel n'est pas le seul à échapper à l'impôt. En effet, la prolifération des exonérations au bénéfice d'entreprises du secteur moderne a contribué à réduire considérablement l'assiette fiscale (et donc à alléger considérablement leur

[47] Ce principe d'équité horizontale implique que des situations et opérations économiquement similaires ou comparables devront jouir du même traitement fiscal. Il conduit par conséquent à la neutralité des règles fiscales, c'est-à-dire non seulement la suppression de toute faveur ou exonération fiscale, mais aussi la fiscalisation de tous les secteurs générant des revenus.

[48] On ne fait évidemment pas ici référence aux travailleurs à faibles revenus du secteur informel, mais plutôt à ces autres travailleurs du secteur informel disposant de revenus réguliers et confortables (le secteur informel est en effet loin d'être homogène du point de vue des revenus qu'il alloue).

charge fiscale). À titre d'exemple, les dépenses fiscales relatives aux seules exonérations de TVA ont été estimées en 2008 à 175,6 milliards de F CFA (soit l'équivalent de 40% des recettes issues de la TVA). Quant au total des dépenses fiscales, il a été évalué à 300 milliards de F CFA (soit 27% des recettes fiscales totales et 5% du PIB).

Dans le cadre de la réforme du CGI, l'élargissement de l'assiette fiscale a été obtenu dans le secteur des opérations financières à travers le remplacement de la taxe sur les opérations bancaires (TOB) par la taxe sur les activités financières (TAF)[49]. Désormais, en dehors des banques classiques, les services de transfert d'argent sont donc imposés. Étant donné, d'une part, la faiblesse du taux de bancarisation au Sénégal (à peine 15%), et d'autre part, l'importance croissante des activités de transfert d'argent (en 2011 par exemple, le montant cumulé de ces transferts avait été estimé à 565 milliards F CFA), la TAF contribue à élargir l'assiette fiscale, malgré l'importance des transfert transitant par les voies informelles et échappant donc au système fiscal : globalement, on estime en effet que 46% des transferts transitent via des mécanismes informels (ANSD, ESPS-II, 2011).

---

[49] Le taux de la TAF est de 17%.

II.3.3. Progressivité ou régressivité du système fiscal ?

Par rapport à l'équité fiscale, la progressivité ou la régressivité des impôts constitue une question centrale. Autrement dit, il s'agit ici de déterminer si le prélèvement fiscal est sous-tendu par la situation du contribuable ou sa capacité contributive et plus particulièrement, si les prélèvements fiscaux s'accroissent ou non avec le revenu[50].

En ce qui concerne les impôts directs, et en particulier l'impôt sur le revenu ou l'impôt sur le patrimoine, leur progressivité a été étudiée par Fall et Sène (2010), et illustrée à travers les deux figures ci-après : la première représente l'impôt sur le revenu en fonction du revenu brut des ménages, tandis que la deuxième est établie pour la population répartie en dix déciles[51].

---

[50] Au-delà, cette question renvoie à celle de l'équité verticale, et donc à la personnalisation des impôts (en fonction de la situation du contribuable) au moyen d'une pluralité de taux (pour des motifs d'intérêt général et sur des bases objectives).

[51] Il s'agit simplement ici d'une estimation du montant et du taux d'impôt applicables aux revenus des ménages si ces derniers étaient tous assujettis à l'impôt sur les salaires.

Figure 26 :
L'impôt sur le revenu salarial en fonction du niveau du salaire du ménage et du niveau du salaire du groupe de ménages

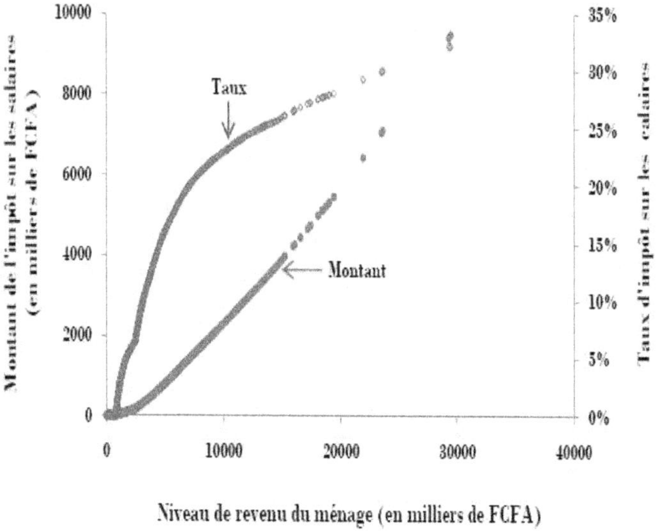

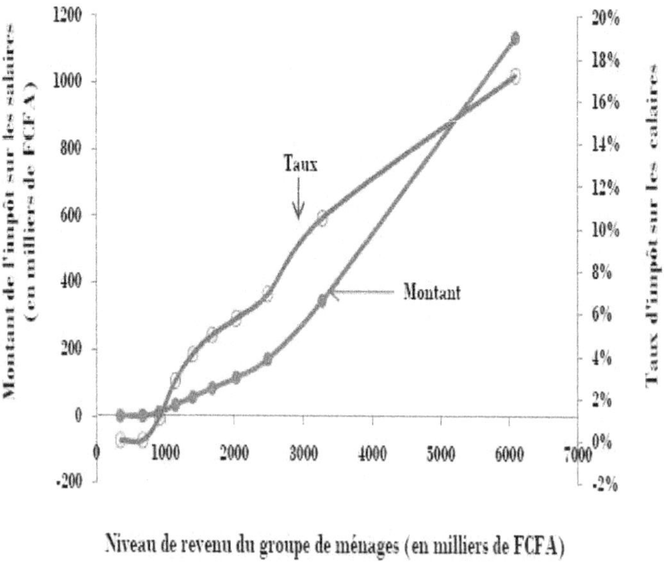

Source : Fall & Sène (2010)

Le taux d'imposition devenant plus élevé à mesure que le revenu brut augmente, l'impôt sur les salaires obéit donc au principe de la progressivité. Cependant, le taux d'imposition marginal est plus élevé pour les ménages à faible revenu et tend à baisser avec les ménages les plus aisés (cf. première figure), du fait en particulier de la réforme de la fiscalité indirecte qui s'est traduite par un plafonnement de l'IRPP à 50% du revenu. Par ailleurs, la décroissance du taux d'imposition marginal n'est pas nette (cf. deuxième figure), du fait certainement de la perte d'information découlant de l'agrégation des données.

Qu'en est-il maintenant des impôts indirects ?

Tout d'abord, on peut rappeler que les impôts indirects sont particulièrement injustes, du fait précisément, de leur caractère aveugle : ils frappent en effet les personnes et les ménages sans tenir compte de leurs facultés contributives, de leurs revenus, de leur fortune, ou de leur situation (professionnelle, sociale, familiale, etc.). Dans un pays comme le Sénégal où d'une part, les revenus sont faibles et où, d'autre part, les écarts de revenus sont extrêmes, la structuration et la prépondérance des impôts indirects (ces derniers représentant en effet 75% des recettes fiscales) ne militent pas en faveur de l'équité fiscale.

Le problème concerne d'ailleurs pour ce cas d'espèce davantage la TVA qui, comme précédemment indiquée, génère près de 40% de l'ensemble des recettes fiscales. Cette prépondérance de la TVA n'illustre certainement pas une bonne progressivité du système fiscal. Bien au contraire, la TVA est même plutôt considérée comme un impôt régressif, puisque comparativement aux ménages les plus riches, les ménages à faibles revenus en supportent un coût relatif de loin plus élevé.

On aurait pu croire que la TVA est un impôt proportionnel, voire très légèrement progressif, si on partait du seul principe que la consommation était une fonction croissante du revenu. Toutefois, la conclusion change radicalement, si on tient compte des fortes inégalités dans la part du revenu affectée par les ménages à la consommation. En effet, au fur et à mesure que les revenus s'élèvent, une part de plus en plus importante de ces revenus est épargnée, et échappe donc, au prélèvement massif sur la consommation. Autrement dit, la part des revenus des ménages frappée par la TVA décroit quand ces revenus croissent. Au Sénégal, 45% des ménages sont considérés comme pauvres et près de 15%, sont en situation d'extrême pauvreté. Par ailleurs, 52,9% des dépenses des ménages à faibles revenus sont affectés aux dépenses alimentaires (ANSD, 2011). Or, la plupart des biens alimentaires de première nécessité sont taxés au Sénégal de manière régressive (c'est le cas notamment des céréales, du sucre et des huiles alimentaires).

Par ailleurs, les possibilités de fraudes sur la TVA sont très inégales selon les catégories professionnelles : par exemple, alors que ces possibilités sont marginales pour les salariés, elles existent pour les professions indépendantes, sous la double forme d'une minoration de leurs recettes (ce qui permet de collecter la TVA sans la reverser à l'administration fiscale) et de déductions abusives (ce qui permet de récupérer la TVA sur les consommations personnelles en les incluant dans les charges de l'entreprise[52]).

Afin d'avoir un aperçu général sur la fiscalité des ménages, Fall et Sène ont associé dans une même analyse, tous les prélèvements directs et indirects (Figure 27). Ils mettent ainsi en évidence que le taux d'imposition croit rapidement pour les groupes de ménages les plus vulnérables, et se stabilise pour les ménages à revenu intermédiaire et élevé. Globalement, le système fiscal sénégalais serait donc plus proche d'un système

---

52 En France, il avait été estimé, en tenant compte de ces fraudes, que le taux de prélèvement réel de la TVA sur le revenu disponible tombe de 9,8% en moyenne pour les salariés à 1,06% pour les professions indépendantes (Cohen, 1984). Il est vrai cependant que les enjeux financiers liés à ces possibilités de fraude sont certainement moins importants au Sénégal qu'en France.

à taux unique (*flat tax*) que d'un système progressif. Pour la plupart des groupes de ménages, les prélèvements fiscaux représenteraient environ le tiers du revenu brut.

Figure 27 :
Taux agrégé de la fiscalité directe et indirecte par groupe de ménages (en pourcentage du revenu brut)

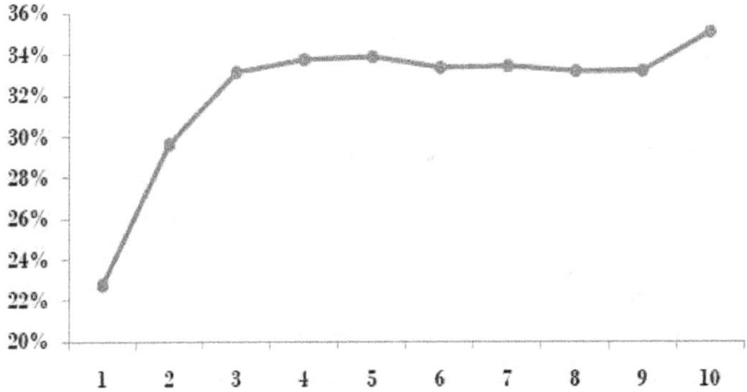

Source : Fall et Sène (2010)

En définitive, il y a lieu de considérer que le système fiscal sénégalais doit être réformé dans le sens notamment d'une répartition plus juste et plus équitable de la charge fiscale, tant entre les différentes catégories de contribuables (ménages, entreprises) qu'au sein des différentes sous catégories[53]. En particulier, la pression globale sur les ménages doit être mieux répartie, et pour cela, il est en particulier nécessaire, d'une part de réformer la TVA[54], et

[53] Il aurait été intéressant de procéder à des simulations pour évaluer le total des prélèvements fiscaux subis par un certain nombre de ménages-types de salariés (célibataires avec ou sans enfants, couples avec ou sans enfants, couples avec un ou deux revenus, etc.) ou d'indépendants (commerçants, médecins, etc.). Malheureusement, les données nécessaires pour de telles simulations ne sont pas disponibles.

[54] Les exonérations à la TVA accordées par l'État du Sénégal, suite à l'envolée en 2007-2008 des prix sur les denrées de première nécessité,

d'autre part, d'accentuer les efforts par rapport au recensement et au contrôle fiscal sur les défaillants[55]. La récente réforme du CGI visait d'ailleurs en partie la réduction de la pression fiscale sur les ménages et en particulier sur les salariés. Néanmoins, des efforts restent certainement à faire pour une meilleure adaptation de l'impôt sur le revenu des personnes physiques aux capacités contributives réelles ou effectives de l'ensemble des citoyens.

II.4. Inégalités face à la protection sociale

En contrepartie des prélèvements obligatoires (impôt, cotisations sociales), l'État est censé offrir à la population des prestations sociales : remboursements de soins médicaux, indemnités de maladie et remboursements de soins médicaux, indemnités de maladies et d'accidents de travail, pensions d'invalidité ou de retraite, allocations familiales, indemnités de chômage, aide sociales diverses, etc. Nous nous intéressons, dans les développements qui vont suivre, aux inégalités face à ces prestations[56].

---

laissent à penser qu'une marge de manœuvre fiscale existe du point de vue du taux de la TVA. L'UEMOA offre par ailleurs depuis 2008 la possibilité d'un deuxième taux réduit (de 10%), qui ne bénéficie pour l'instant qu'au seul secteur du tourisme.

55 Pour ce faire, il faudra faire preuve à la fois d'imagination et d'audace fiscale. La taxation des services de transfert d'argent constitue un exemple d'innovation fiscale. On peut regretter que le débat sur la taxation des appels entrants ait été détourné en quelque sorte, et que l'État y ait trop rapidement renoncé. L'audace fiscale pourrait également consister à chercher à intégrer le secteur « extralégal » à l'économie formelle. Pour cela, il faudrait, comme le suggère notamment H. De Soto (2000), mettre au point des procédures de légalisation massive, en utilisant les règles consensuelles des acteurs mêmes de l'informel.

56 Concernant la protection sociale, les données les plus complètes et les plus récentes dont nous avons pu disposer remontent à 10 ans environ, et sont principalement issues de deux études l'une du BIT (2008) et l'autre de la

II.4.1. Dispositif de protection des travailleurs (cadre règlementaire et institutionnel)

Le système de protection sociale est dominé au Sénégal par l'Institution de Prévoyance Retraite du Sénégal (IPRES[57]) et la Caisse de Sécurité Sociale (CSS[58]). Les autres acteurs importants de ce système sont les institutions de prévoyance-maladie (IPM) et les mutuelles de santé.

La protection sociale pour les emplois formels est essentiellement organisée par l'État ou par des institutions parapubliques. Par contre, le secteur informel ne bénéficie que des mutuelles de santé.

BM (2007). Malgré tout, les ordres de grandeurs fournis par ces données restent certainement d'actualité, étant donné que le cadre règlementaire et institutionnel a très peu évolué. Les développements qui vont suivre s'appuieront particulièrement sur les données du BIT.

[57] Organisme de droit privé placé sous la tutelle technique et financière de l'État, l'IPRES est régi, du point de vue de son organisation, par la Loi 75-50 du 03 Avril 1975 relative aux Institutions de Prévoyance Sociale. Le Régime retraite est essentiellement alimenté par : (*i*) les cotisations des membres adhérents (employeurs : 60%) et participants (salariés : 40%), (*ii*) les majorations de retard de paiement, (*iii*) les revenus de placement des fonds et des immeubles de rapport, (*iv*) les produits de la gestion financière des réserves, les subventions, les dons et les legs. L'IPRES applique le système de répartition, qui repose sur la solidarité entre générations actives de salariés et celle des retraités (les contributions des actifs financent donc les pensions des retraités).

[58] Créée depuis 1956, la CSS est actuellement régie par la loi n° 91-33 du 26 Juin 1991, qui lui accorde le statut d'un organisme de droit privé chargé d'une mission de service public. La CSS fournit deux types de prestations : d'une part, des prestations familiales (allocations prénatales, allocations de maternité, indemnités journalières, congés de maternité), et d'autre part des prestations de risques professionnels (accident du travail, maladie professionnelle). La CSS intervient également dans la prévention des risques professionnels, à travers notamment le contrôle, l'assistance-conseil et la formation des entreprises. Les prestations de la Caisse de Sécurité sociale sont financées par des prélèvements sur la base des salaires des travailleurs, à des taux variables. La prise en charge est répartie entre l'employeur et le travailleur, dans certain cas, elle est à la charge exclusive de l'employeur.

Globalement, la prise en charge au Sénégal des différentes branches de protection sociale est illustrée par le tableau suivant.

Tableau 6 :
Programmes/Régimes de protection sociale au Sénégal

Programmes/Régimes	Branches de protection sociale								
	Vieillesse	Survivants	Invalidité	Accidents de travail et maladie professionnelle	Soins médicaux et santé	Prestations familiales	Prestations maternité	Indemnités de maladie	Allocations chômage
Institution de Prévoyance Retraite du Sénégal - Régime Général (IPRES-RG)	X	X			X	X			
Institution de Prévoyance Retraite du Sénégal - Régime Complémentaire des Cadres (IPRES-RCC)	X	X			X	X			
Fonds National de Retraite (FNR)	X	X	X*			X		X*	
Régime des accidents du travail et des maladies professionnelles de la Caisse de Sécurité Sociale (CSS)				X					
Régime des prestations familiales de la Caisse de Sécurité Sociale (CSS)						X	X		
Institutions de Prévoyance Maladie (IPM)					X				
Réseau des Mutuelles de santé					X				
Programme Sésame					X				

* Les prestations d'invalidité et de congés maladie destinées aux fonctionnaires sont financées sur le budget de l'État et ne dépendent pas en réalité du FNR.

Source : BIT (2008)

Deux constats s'imposent, à la lecture du tableau ci-dessus : d'une part, il n'existe aucun dispositif de sécurité sociale pour le chômage et les indemnités de maladie (ces deux branches sont en effet orphelines, à l'exception du financement à partir du budget de l'État des congés maladie pour les fonctionnaires) ; d'autre part, le dispositif existant ne couvre qu'une part extrêmement faible de la population.

II.4.2. Degré de couverture de la population par le système de protection sociale

Comme rappelé précédemment, la population potentiellement active (qui est celle des individus âgés de 15 ans ou plus, ayant atteint l'âge légal pour participer aux activités de production de biens et services) s'élève au Sénégal à 7.728.868 (ANSD, 2013), sur une population totale estimée à environ 14 millions. Néanmoins, le degré de participation des actifs potentiels à la vie active est faible, puisque la moitié de cette population potentiellement active, est inactive. Les chiffres officiels les plus récents ont estimé le taux de chômage à 13% (ANSD, 2015). Quant au salariat, il est très faiblement développé au Sénégal et concernerait moins de 10% des travailleurs.

Ces quelques rappels permettent de mieux comprendre pourquoi le système de protection sociale, tel qu'il existe au Sénégal, ne concerne de fait qu'une petite minorité d'individus, à savoir les travailleurs qui disposent d'un emploi au sein du secteur moderne). Concernant son arrimage au salariat, le système de protection, tel qu'il existe au Sénégal, se prête difficilement à l'extension à un plus grand nombre de bénéficiaires. Non seulement, le stock d'emplois salariés est limité, mais en plus, il augmente très faiblement. Par ailleurs, les créations d'emplois sont surtout le fait de micro-entreprises, et elles sont donc caractérisées par un degré élevé de risques (précarité, rémunérations faibles et irrégulières, absence de protections en cas d'incapacité de travailler, etc.). Il résulte de tout cela que la grande majorité des travailleurs est exclue du dispositif institutionnalisé de protection. Selon les derniers chiffres disponibles (ANSD, 2015), plus de 90% des travailleurs ne disposent pas de protection sociale, particulièrement les avantages liés à l'exercice des activités tels que les congés annuels payés, les congés maladies rémunérés, l'assurance maladie, les cotisations de sécurité sociale, les congés de maternité ou de paternité, l'assurance d'accidents de travail[59]. Deux sous-composantes du marché de l'emploi sont particulièrement concernées par cette exclusion : le secteur informel urbain et l'emploi rural.

En ce qui concerne tout d'abord le secteur informel, il emploie environ 2,3 millions de personnes, soit près de 50% de la population active occupée (ANSD, 2013) et représente une part importante de l'activité économique[60]. Au sein de ce secteur informel, les conditions de travail sont précaires, du fait notamment de l'insuffisance de moyens financiers, de la volonté des patrons des unités de production de minimiser les coûts en vue d'augmenter les marges bénéficiaires), de la non-disponibilité de locaux professionnels ou d'équipements adéquats, etc. Quant à l'emploi dans le milieu rural, il concerne environ 60% des

---

59 Il s'y ajoute, toujours selon cette enquête, que cette population à l'écart du système de protection sociale évolue en général « dans un climat chargé d'agressions verbales, d'injures ou menaces et d'agressions physiques » (ANSD, 2015, p.3).

60 Selon les chiffres les plus récents disponibles, la production de ce secteur informel est de 4 336 milliards de F CFA, soit 39,8% de la production totale. Sa valeur ajoutée se chiffre à 2 655 milliards de FCFA, soit 41,6% du PIB et 57,7% de la valeur ajoutée non agricole. La masse salariale totale versée au sein de ce secteur informel s'élève à 600 milliards de FCFA (le salaire annuel moyen perçu par un employé du secteur est de 505 805 F CFA, soit un salaire mensuel de 42 150 FCFA).

personnes qui travaillent au Sénégal[61]. Certes, le taux d'activité est en moyenne plus élevé que dans les centres urbains, mais la majorité des travailleurs sont des saisonniers (6 sur 10) et moins de 25% disposent d'une activité permanente à plein temps. Les conditions d'emploi au Sénégal sont extrêmement précaires en milieu rural et pratiquement aucun des travailleurs ne bénéficie de couverture sociale formelle. L'emploi en milieu rural est donc caractérisé par une forte homogénéité, puisque toutes les catégories de travailleurs (hommes/femmes, jeunes/vieux, employeurs/employés, etc.) sont frappées par la même précarité ou la même fragilité.

Le tableau suivant, qui montre la couverture des branches de sécurité sociale en fonction des grandes catégories socioprofessionnelles ou socio-économiques, illustre l'exclusion de la majorité de la population active sénégalaise du système officiel de protection sociale.

---

[61] Le poids de l'emploi rural a diminué ces dernières années au Sénégal, en raison de la forte émigration rurale. À titre comparatif, la moyenne en Afrique sub-saharienne est de 70% (selon les estimations de la Banque mondiale).

Tableau 7 :
Couverture des branches de sécurité sociale selon les catégories socioprofessionnelles

Groupes	Branches de protection sociale							
	Vieillesse	Survivants	Invalidité	Accidents de travail et maladie professionnelle	Soins et santé médicaux	Prestations familiales	Prestations de maternité	Indemnités de maladie
Fonctionnaires	FNR	FNR	État	État	État – Ministère Santé – Autres mutuelles	FNR	Etat	Etat
Salariés du secteur prive formel	IPRES RG	IPRES RG		CSS	IPRES RG- IPM - Mutuelles	CSS	CSS	
Salariés cadres du secteur privé formel	IPRES RG - IPRES RCC	IPRES RG- IPRES RCC		CSS	IPRES RG - IPRES RCC - IPM - Mutuelles	CSS	CSS	
Travailleurs avec emploi dans le secteur informel					Mutuelles			
Personnes de plus de 65 ans	Dépend de leur statut antérieur	Dépend de leur statut antérieur			Mutuelles			
Personnes démunies								

FNR = Fonds National de Retraite ; CSS = Caisse de Sécurité Sociale ; IPRES-RG = Institution de Prévoyance Retraire, Régime Général, IPRES-RCC = Institution de Prévoyance Retraire, Régime Complémentaire Cadre ; IPM = Institutions Prévoyance Maladie

Source : BIT (2008)

Il apparait clairement que seuls les travailleurs du secteur moderne, public comme privé, bénéficient des différentes branches du système de protection sociale[62]. Un paradoxe est d'ailleurs à noter à ce propos, puisque ces travailleurs salariés sont ceux dont la situation sociale et économique est la moins précaire, autrement dit ceux qui, en tout état de cause, peuvent être considérés comme des privilégiés. En clair, pour se faire soigner ou pour faire face aux situations d'incapacité de travail, les travailleurs sénégalais, dans leur écrasante majorité, sont contraints de compter sur leurs propres ressources, sur la solidarité des proches ou sur les liens tissés au sein de leurs communautés (Baumann, 2010).

II.4.2.1 Assurance-vieillesse

Pour ce qui concerne tout d'abord l'assurance-vieillesse (régime de retraite), le nombre des pensionnés de l'IPRES[63] et du FNR était le suivant en 2004 (Figure 28) :

---

[62] Deux initiatives récentes, la Bourse de sécurité familiale (qui vise à mettre à la disposition de 250 000 familles vulnérables des allocations de 100 000 FCFA/an) et la Couverture Médicale Universelle, auraient pu être ajoutées pour compléter le tableau. Néanmoins, leur évaluation chiffrée s'avère difficile, faute de données précises.

[63] Pour l'IPRES, seuls sont pris en compte ici les régimes de retraite de base, les personnes couvertes par le régime complémentaire des cadres étant déjà couvertes par le régime IPRES-RG. Il s'agit ainsi d'éviter de surévaluer le taux de couverture.

Figure 28 :
Nombre de pensionnés vieillesse (FNR et IPRES) – 2004

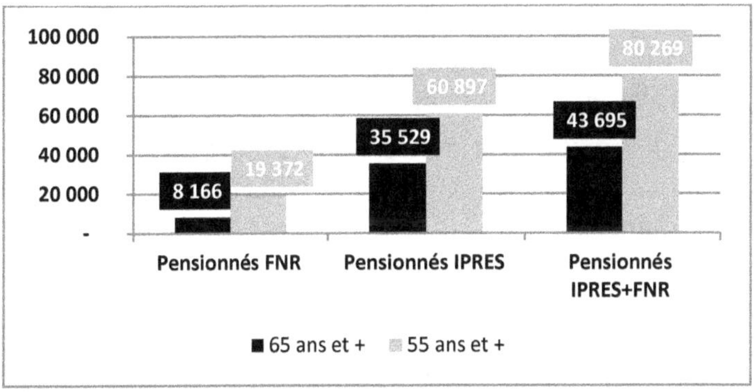

Source : BIT (2008)

A la même époque, et selon les données fournies par l'ESAM-II, 404.426 sénégalais étaient âgés de 65 ans et plus, et 795.661 étaient âgés de 55 ans et plus. Cela correspond à des taux de couverture de respectivement 10,80% et 10,09%, ce qui signifie que sur 10 sénégalais éligibles (c'est-à-dire qui ont atteint l'âge de la retraite), seulement 1 reçoit effectivement une pension de vieillesse[64]. Un tel taux de couverture, bien que légèrement supérieur à celui de la plupart des autres pays de l'Afrique de l'ouest, reste néanmoins relativement faible.

Concernant cette question de l'assurance-vieillesse, l'inégalité entre les hommes et les femmes est particulièrement importante. La désagrégation du taux de couverture par sexe montre en effet que très peu de femmes – moins de 2% – perçoivent une pension de vieillesse (BIT, 2008). Deux explications peuvent être invoquées à ce propos : soit ces femmes aujourd'hui âgées n'exerçaient pas d'activités, soit elles intervenaient dans le secteur informel.

---

[64] Pour rappel, l'âge légal de la retraite est passé en 2002 au Sénégal de 55 à 60 ans.

Pour ce qui est du FNR, l'écart est tout aussi important dans la répartition par sexe des bénéficiaires des prestations. Ainsi, les pensions de vieillesse bénéficient en quasi-totalité à des hommes (99%), tandis que les pensions de survivants sont versées en quasi-totalité à des femmes (94%).

La distribution de l'effectif des bénéficiaires de prestations à l'IPRES-RG et à l'IPRES-RCC présente de grandes similitudes avec celle du FNR. En effet, pour les deux régimes, environ 10% seulement des femmes bénéficient de pensions de vieillesse. Les pensions de survivants donnent donc lieu à un important transfert de revenus des hommes vers les femmes.

Figure 29 :
Bénéficiaires de prestations de l'IPRES RCC par sexe et par groupe d'âge (2004)

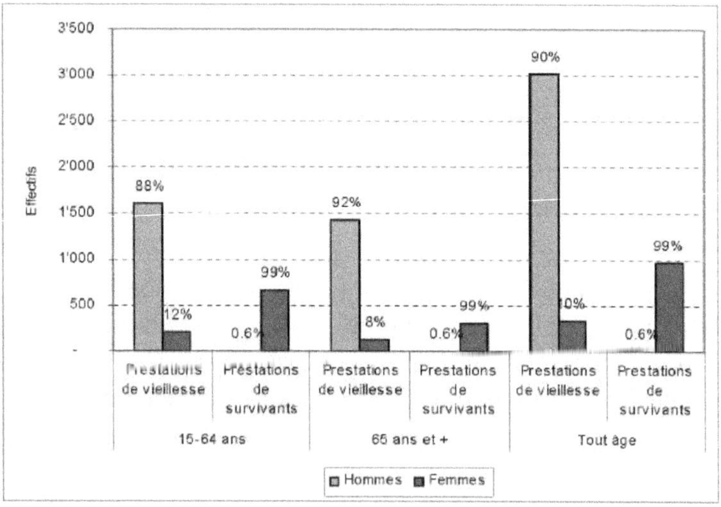

Source : BIT (2008)

II.4.2.2. Prestations familiales

D'après les plus récentes estimations disponibles sur le sujet (BIT, 2004) les prestations familiales versées concernaient globalement un faible nombre d'enfants, environ 600.000, répartis de la façon suivante selon les différents régimes ou branches : 156.318 allocataires de la CSS, 209.411 allocataires du régime des fonctionnaires, 182.691 allocataires des régimes IPRES-RG, et 58.116 allocataires pour les fonctionnaires à la retraite

La population du Sénégal étant particulièrement jeune (environ 44% de sa population, ayant moins de 14 ans, soit 4,5 millions), environ 1 enfant seulement sur 8 serait donc bénéficiaire de prestations familiales. Si on prend en compte les possibilités d'extension de l'âge d'éligibilité aux prestations familiales[65], les enfants allocataires de prestations familiales ne représenteraient alors plus que 10% des enfants de 0 à 19 ans (dont le nombre s'élève à environ 5,7 millions).

[65] Les prestations familiales sont en effet versées aux enfants de moins de 15 ans. Cette limite d'âge est repoussée à 18 ans pour les enfants en formation d'apprentissage et à 21 ans pour ceux poursuivant des études.

Figure 30 :
Estimation des taux de couverture pour les prestations familiales (en fonction des tranches d'âges)

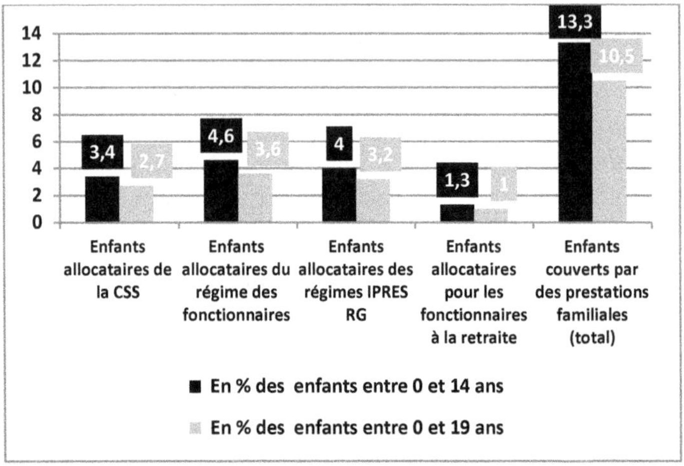

Source : BIT (2008)

Il ressort de l'analyse précédente qu'une minorité seulement de familles sénégalaises perçoit des prestations familiales, du fait principalement du caractère professionnel des régimes existants ; les familles dont aucun membre n'occupe un emploi au sein du secteur moderne sont en effet, de fait, exclues de ces régimes professionnels (or ces familles sont très largement majoritaires).

II.4.2.3. Risque maladie

La prise en charge du risque maladie constitue l'un des enjeux majeurs attachés aux systèmes de protection sociale. En 2008, environ 2,25 millions de sénégalais bénéficiaient d'un régime de couverture maladie, soit un taux de couverture de 20% (Tableau 8).

Tableau 8 :
Nombre de bénéficiaires et part de la population couverte selon les différents régimes de la couverture du risque maladie

Type de régime	Personnes couvertes	Organismes gestionnaires	Nombre de bénéficiaires	Part de la population couverte
Régime non contributif	Agents de l'État	Ministère des Finances	820 000	7,4%
	Personnes de plus de 65 ans (Plan Sésame)	État & IPRES	560 000	4,9%
	Étudiants	Centre des Œuvres universitaires	33 000	0,3%
Régimes contributifs volontaires	Membres de mutuelles de santé	Mutuelles de santé	420 000	3,8%
	Souscripteurs d'assurance privée	Compagnies d'assurances	25 000	0,2%
Régimes contributifs obligatoires (IPM)	Salariés du secteur privé	IPM (Institut de prévoyance maladie)	400 000	3,6%
Total			2 259 000	20%

Source : Ministère de la Santé et de la Prévention (2008)

Ce régime bénéficie davantage à des « privilégiés », puisqu'au moins 60% des personnes couvertes sont des salariés du secteur moderne (public et privé)[66]. Certes,

[66] Si on ne prend pas en compte les retraités (cf. Plan Sésame), ce ratio monte jusqu'à 75%.

quelques initiatives récentes (dont le Plan Sésame[67], les mutuelles de santé communautaires[68], et tout dernièrement la couverture maladie universelle[69]) ont tenté d'étendre la couverture santé. Mais les résultats obtenus restent encore très faibles.

---

[67] Le programme Sésame a été initié par l'État du Sénégal pour rendre les soins médicaux gratuits à toute personne âgée de 65 ans et plus, quelle que soit son activité antérieure. Il vise donc à étendre la couverture sociale des personnes âgées, puisque l'IPRES et le régime des agents de l'Etat ne couvraient qu'environ 67 000 personnes âgées (pour plus de 400 000 personnes de 65 ans et plus). Toutefois, cette prise en charge n'est pas étendue aux familles des personnes âgées. Entré en vigueur en septembre 2006, le dispositif est cependant vite resté lettre morte, faute de moyens (il avait même conduit, avant son arrêt, à une dette cumulée de 4 milliards de F CFA auprès des hôpitaux publics).

[68] Les mutuelles de santé sont de plus en plus perçues comme une option sérieuse pour étendre la couverture des populations en matière de santé. Cela explique notamment l'adoption au Sénégal, depuis 2003, de la loi sur les mutuelles de santé.

[69] Adoptée en septembre 2013, la CMU vise à permettre aux populations les plus vulnérables, notamment en milieu rural, de se faire soigner gratuitement.

CHAPITRE III

ANALYSE DU SYSTÈME DES INÉGALITÉS AU SÉNÉGAL

Dans les développements précédents, les différentes formes d'inégalités ont été étudiées de façon relativement distincte. De plus, l'analyse a été limitée uniquement aux inégalités d'ordre économique. Mais comme l'ont montré Bihr et Pfefferkorn (1999, p. 356), « les inégalités forment un système, c'est-à-dire qu'elles constituent un processus cumulatif au terme duquel les privilèges s'accumulent à l'un des pôles de l'échelle sociale, tandis qu'à l'autre pôle se multiplient les handicaps ». Plus particulièrement, ils ont mis en évidence que le système des inégalités reposait sur trois mécanismes principaux : les interactions entre les inégalités, leur cumul et leur reproduction. Ce sont à ces trois mécanismes auxquels nous allons maintenant nous intéresser[70], en nous focalisant davantage sur les inégalités économiques, objet des développements précédents.

[70] L'analyse développée ici s'inspire fortement de l'approche méthodologique proposée par Bihr et Pfefferkorn (1999) pour décortiquer le système des inégalités.

I. Interactions entre les inégalités

À l'évidence, les inégalités sont fortement liées entre elles. Cependant, étant donné leur nombre relativement important (en effet, les inégalités ne sont pas seulement d'ordre économique), l'analyse de ces interactions s'avère particulièrement difficile. Nous allons donc nous limiter à analyser les interactions entre d'une part les inégalités économiques tantôt étudiées, et d'autre part, quelques autres inégalités qui, dans le contexte particulier du Sénégal, s'avèrent particulièrement importantes. Ces dernières concernent notamment l'éducation, la santé, l'espace public et les réseaux d'entraide (familiaux, communautaires, etc.).

Pour étudier les interactions entre ces inégalités, nous allons tenter de décomposer la façon dont elles s'influencent les unes par rapport aux autres. Ainsi, chaque indicateur d'inégalité est analysé d'abord comme variable à expliquer, et ensuite comme variable explicative des autres inégalités (Tableau 9)[71].

[71] Le lien entre les variables (variable expliquée, variable explicative) est symbolisé ici par un signe mathématique qui en indique le sens (+ ou -) et l'intensité (+, ++).

Tableau 9 :
Les interactions entre les inégalités

			VARIABLES A EXPLIQUER								
			INÉGALITÉS ÉCONOMIQUES					AUTRES INÉGALITÉS			
			Emploi	Revenus	Prélèvements obligatoires	Prestations sociales	Consommation	École	Santé	Réseaux d'entraide	Catégories sociales
VARIABLES EXPLICATIVES	INÉGALITÉS ÉCONOMIQUES	Emploi		+++	- -	++	+++	++	++	++	++
		Revenus			- -	+	+++	++	++	++	++
		Prélèvements obligatoires				+	-		++		
		Prestations sociales		++			+	++	++		
		Consommation						++			
	AUTRES INÉGALITÉS	École	++	+					+		++
		Santé						+			
		Réseaux d'entraide	++	++			++	+	++		+
		Catégories sociales	++	++				++	++	++	

Tout d'abord, les inégalités face à l'emploi sont très fortement influencées par l'origine sociale, les inégalités d'accès à l'école, les réseaux de solidarité. Par ailleurs, la dualité du marché du travail est d'abord celle des systèmes de formation : l'accès au secteur moderne (public ou privé) est en effet réservé aux diplômés du système éducatif, tandis que le secteur informel absorbe tous ceux qui n'ont pas eu accès au système éducatif, ou bien ceux dont le cursus scolaire n'a pas été concluant (échec scolaire). De plus, au sein du secteur moderne, les hiérarchies professionnelles sont très largement déterminées par les niveaux d'études, et encore plus exactement par les niveaux de diplômes (beaucoup plus que par l'expérience professionnelle). Toutes choses égales par ailleurs, la probabilité est donc plus grande pour les non diplômés d'être affecté par la précarité, le sous-emploi, l'instabilité professionnelle, etc. Pour ce qui est du niveau de chômage, la relation est cependant un peu plus complexe, en ce sens qu'il n'existe pas de corrélation linéaire négative entre niveau d'instruction et taux de chômage : en effet, et comme tantôt rappelé, le chômage touche davantage les personnes ayant atteint le niveau d'instruction intermédiaire (secondaire) que celles ayant atteint les extrémités (primaire et supérieur)[72].

Quant aux inégalités de revenus, elles découlent principalement des inégalités par rapport à l'emploi (c'est-à-dire de la capacité ou de la possibilité d'exercer un emploi), mais aussi de la possibilité ou non d'accéder à des revenus liés à la couverture sociale (assurance-vieillesse, assurance-

[72] Comme tantôt rappelé, il existe ici deux facteurs explicatifs : d'une part les moindres opportunités de reconversion dont bénéficient les personnes ayant atteint le niveau secondaire, et d'autre part les faibles niveaux de qualifications exigés par les activités pratiquées en milieu rural ou au sein de l'informel.

maladie, prestations familiales, etc.). Ces inégalités de revenus sont par ailleurs fortement influencées par les inégalités d'accès à l'école (celles-ci jouent surtout à travers des chances inégales d'accéder à un emploi, comme cela a été vu précédemment), l'origine sociale, l'accès ou non à des réseaux d'entraide et de solidarité. Concernant ce dernier point, il est important de préciser que les transferts volontaires constituent aujourd'hui une composante essentielle des revenus ou des dépenses des ménages sénégalais. Selon l'ESPS-II (ANSD, 2011), le montant des transferts volontaires s'élevait à 588 milliards F CFA en 2008, et les bénéficiaires de cette enveloppe étaient près de 5 millions. La figure suivante montre que les transferts se font essentiellement à l'intérieur des réseaux familiaux et communautaires : en effet, les transferts aux personnes sans lien ou aux institutions (administrations, ONG, etc.) représentent une part négligeable (moins de 10%) de l'enveloppe totale.

Figure 31 :
Répartition des bénéficiaires des transferts volontaires selon le lien avec l'expéditeur

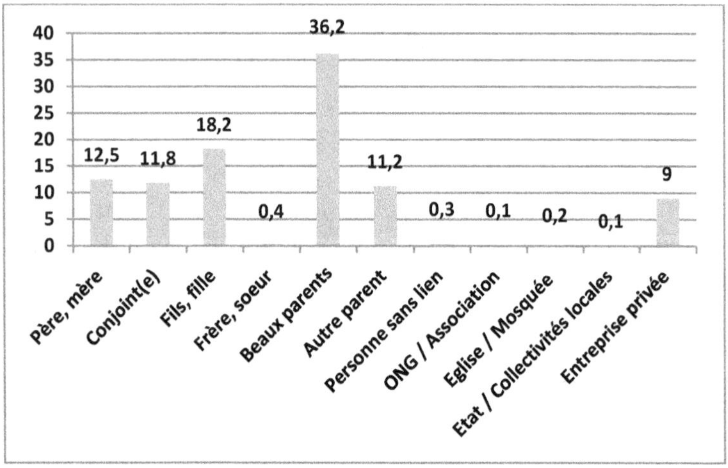

Source : ANSD (2011)

Quant aux inégalités par rapport aux prélèvements obligatoires, elles sont surtout affectées par les inégalités d'accès à l'emploi : plus particulièrement, l'accès à un emploi stable et bien rémunéré se traduit par des prélèvements bien plus élevés. Quant aux travailleurs du secteur informel (qui regroupe essentiellement des emplois mal rémunérés, précaires et instables), ils échappent totalement au système fiscal.

Il est aussi manifeste que le système de protection sociale, au lieu de compenser ou d'atténuer les inégalités face à l'emploi et aux revenus, entérine plutôt les inégalités inhérentes aux rapports de classe. En effet, tel qu'il existe, ce système bénéficie essentiellement à des « privilégiés » (salariés du secteur moderne) et exclut donc, de fait, l'écrasante majorité des Sénégalais.

Pour ce qui est, enfin, des inégalités par rapport à l'école, la santé, les réseaux d'entraide et l'origine sociale, elles ne seront pas analysées, étant donné que nous nous intéressons surtout aux inégalités économiques. Néanmoins, il est indéniable qu'elles sont fortement liées aux inégalités d'ordre économique. Par exemple, les inégalités dans l'accès aux soins de santé ou à l'école sont déterminantes par rapport aux inégalités en matière de revenus, d'emplois ou de prestations sociales, et vice versa.

II. Cumul des inégalités

Il est pertinent de mentionner le cumul des inégalités dès lors que des interactions sont observées entre les différents indicateurs d'inégalité et que, du fait du caractère parfois rétroactif de ces interactions, il peut en résulter une polarisation importante, conduisant soit à l'accumulation des privilèges, soit à l'addition des handicaps. Autrement dit, le handicap conduit au handicap, et par conséquent, lorsqu'on subit une inégalité, la probabilité devient alors très forte qu'on puisse en subir d'autres. Le Tableau 10 fournit une description de ce cumul des inégalités, à partir d'une double catégorisation, qui tient compte d'une part des groupes socioprofessionnels, et d'autre part, de la localisation géographique. Par ailleurs, différents indicateurs sont sélectionnés et chacune des catégories retenues est positionnée par rapport à la moyenne de ces indicateurs.

Tableau 10 :
Tableau synoptique de certains indices d'inégalités en fonction des catégories socioprofessionnelles et des lieux de résidence

	GROUPES SOCIOPROFESSIONNELS						LIEUX DE RÉSIDENCE	
	Travailleurs du secteur informel	Travailleurs agricoles	Travailleurs du secteur moderne				Urbain	Rural
			Cadres supérieurs	Professions intermédiaires	Employés	Ouvriers		
Taux d'emploi stable	-	-	+	+	-	-	-	+
Taux de chômage	-	+	+	+	-	-	-	+
Taux d'emploi à temps partiel ou de sous-emploi	-	-	+	+	+	-	+	-
Proportion de ménages pauvres	-	-	+	+	+	+	+	-
Revenus / Consommations	-	-	+	+	+	+	+	-
Taux de prélèvements obligatoires	+	+	-	-	-	-	-	+
Taux de couverture sociale (protection sociale)	-	-	+	+	+	+	+	-

Légende
+ : position plus favorable que la moyenne des autres catégories
= : position proche ou équivalente de la moyenne des autres catégories
– : position moins favorable que la moyenne des autres catégories

Pour les différentes catégories retenues, les contrastes sont saisissants : en effet, les signes positifs s'accumulent pour les unes, tandis que les signes négatifs sont abondants pour les autres. Ainsi, du point de vue des groupes socioprofessionnels, les travailleurs du secteur informel ainsi que ceux du secteur agricole sont de très loin les moins favorisés, autrement dit ceux pour lesquels le cumul des handicaps est le plus marqué. A l'opposé, les cadres supérieurs sont dans une position largement plus favorable. Du point de vue des lieux de résidence, la situation est plus contrastée. En effet, par rapport à quatre indicateurs (taux d'emploi à temps partiel ou de sous-emploi, proportion de ménages pauvres, revenus/consommations, taux de couverture sociale), la situation est plus favorable en milieu urbain, tandis qu'en milieu rural, la situation est comparativement meilleure du point de vue de trois indicateurs (taux d'emploi stable, taux de chômage, taux de prélèvements obligatoires).

L'analyse qui vient d'être présentée du cumul des inégalités permet d'expliciter la relation entre les inégalités et la pauvreté, et en particulier les raisons pour lesquelles cette dernière constitue une réalité multidimensionnelle. En effet, la pauvreté affecte l'ensemble des aspects de la vie : les revenus, la situation professionnelle, les conditions d'existence, la consommation, l'accès aux services publics (santé, éducation, etc.), la protection sociale, etc. À ce sujet, le Tableau 10 illustre qu'un ciblage de la pauvreté est possible à travers les groupes socioprofessionnels ainsi que les lieux de résidence[73].

---

[73] Les chiffres disponibles montrent en effet que les deux tiers des pauvres sénégalais vivent dans les zones rurales. Au sein de ces dernières, la pauvreté est aussi plus intense, puisqu'elle affecte 57,3% de la population, contre 41,2% pour les autres zones urbaines et 26,1% à Dakar (ANSD, ESPS-II, 2011).

Si la pauvreté est multidimensionnelle, c'est aussi qu'elle est le produit d'un processus cumulatif, consécutif à l'accumulation de handicaps résultant d'inégalités tendant à se renforcer réciproquement. Par conséquent, la pauvreté n'est pas seulement un « défaut d'avoir », mais elle est aussi et peut être surtout le « défaut de pouvoir » (Bihr et Pfefferkorn, 1999). Sous cet angle, l'analyse en termes de *capabilités* développée par A. Sen devient particulièrement intéressante. En effet, selon cette analyse, les moyens concrets d'exercice des libertés fondamentales ont autant d'importance que ces libertés elles-mêmes.

Au terme de cette accumulation de handicaps ou de privilèges, on pourrait distinguer trois catégories au Sénégal. D'abord, il y a les populations économiquement et socialement privilégiées, c'est-à-dire qui disposent d'un emploi stable, de revenus réguliers, d'une bonne protection sociale et d'un solide capital social (réseaux de relations). Ensuite, vient la population en situation de fragilité ou de vulnérabilité, c'est-à-dire qui est caractérisée par une forte instabilité professionnelle (emploi précaire, revenus irréguliers, etc.) et qui disposent d'un faible capital social (en raison justement de leur précarité ou de leur instabilité professionnelle). Enfin, la troisième catégorie réunit tous les autres, c'est-à-dire qui sont en situation d'exclusion (sur les plans économiques, sociaux, etc.) et de grande ou d'extrême pauvreté. Les traits caractéristiques de cette dernière catégorie sont l'inactivité ou le chômage de longue durée, l'indigence matérielle, l'absence de protection sociale, le faible accès aux biens publics (éducation, santé…), etc.

Le poids démographique de chacune de ces trois catégories susmentionnées peut être estimé à travers les résultats issus de l'analyse de la pauvreté subjective[74] (ESPS-II, ANSD, 2011). Les populations qui s'estiment « riches », « très riches » ou qui se situent tout simplement dans la moyenne, constitueraient approximativement la catégorie des « privilégiés », économiquement et socialement : au total, ils représenteraient 51,5% de la population totale (48,4% s'estiment en effet « riches », contre 2,9% qui s'estiment « très riches »). Quant aux populations qui s'estiment « un peu pauvre », ils constituent la catégorie en situation de fragilité, et représenteraient 30,7% de la population totale. Enfin, les populations qui se considèrent comme « très pauvres » constitueraient la population en situation d'exclusion, c'est-à-dire affectée par une grande ou extrême pauvreté : ils représenteraient 17,9% de la population totale[75].

[74] L'ESPS-II a estimé la pauvreté subjective en demandant aux ménages de se déterminer par rapport aux catégories identifiées et compte tenu de leur niveau de richesse. Globalement, les principales manifestations de la pauvreté identifiées par les ménages sont les suivantes : quand on a des difficultés pour nourrir son ménage (66, 9%), quand on n'a pas de travail (11, 7%), quand on n'a pas un logement décent (6,3%), quand on n'a pas les moyens de soigner les membres malades de son ménage (5,6%), quand on souffre physiquement (2%), quand on ne peut pas aider ses parents (1,6%), quand on ne possède aucun bétail (1,5%), quand on n'a pas de terre à cultiver (1,2%), quand on ne peut pas assurer la scolarisation des enfants (0,8%). En fonction des lieux de résidence (Dakar, autres centres urbains, zones rurales), ces différentes manifestations de la pauvreté n'ont cependant pas le même poids.

[75] En se basant sur une approche méthodologique différente, Fall et al*ii* (2011) ont abouti à la répartition suivante de la population sénégalaise du point de vue de l'exposition à la pauvreté : 20% de non pauvres, 47% de populations vulnérables ou fragiles, et 31% de pauvres chroniques.

III. Reproduction des inégalités

L'existence d'un système des inégalités implique que les destins des individus soient plus ou moins déterminés à l'avance, puisque les inégalités se reproduiraient de génération en génération. Ainsi donc, pour un grand nombre d'individus, la chance ou la probabilité d'améliorer les conditions sociales de départ seraient particulièrement faibles. Autrement dit, peu d'individus pourraient accéder à des catégories sociales supérieures soit à celles de leurs parents, soit à celles dans lesquelles, ils auraient fait leur entrée dans la vie active. L'existence d'un tel système contredit en tout cas l'idée d'une société ouverte, ainsi que les principes de démocratie et de liberté, désormais considérées comme des valeurs ou des aspirations quasi-universelles.

Au Sénégal, les études consacrées à la reproduction sociale ont surtout privilégié les approches historiques ou sociologiques. De ce fait, elles se sont davantage focalisées sur la transmission héréditaire des fonctions sociales, et en particulier sur le phénomène des castes (Diop, C.A, 1960 ; Diop, M. 1971 ; Diop, A.B., 1981 ; Mbow, P., 2000). Par ailleurs, si l'immobilisme social généré par le système des castes ne fait l'ombre d'aucun doute, son caractère inégalitaire a cependant été discuté. Ainsi, selon C.A. Diop, « pour chaque caste, inconvénients et avantages, aliénations et compensations s'équilibrent » (1960, p. 11), tandis que A.B. Diop (1981) conteste l'idée d'une interdépendance socio-économique s'expliquant par la division du travail, et milite plutôt pour un développement des rapports de castes dans le sens d'une dépendance des castes inférieures vis-à-vis des castes supérieures.

A la question de savoir quelle est désormais la place occupée par le phénomène des castes dans la société sénégalaise contemporaine, les points de vue tout aussi sont nuancés : ainsi, pour les uns, il continue à jouer un rôle important dans la sphère de la modernité (Mbow, 2000), tandis que pour les autres, tel n'est plus le cas (Diop, 1981). Quoiqu'il en soit, le système de reproduction des inégalités va au-delà du seul phénomène des castes.

Au Sénégal, et comme rappelé ci-dessus, la transmission des fonctions sociales a été davantage étudiée que la mobilité sociale[76]. De même, l'accent a été davantage mis sur la mobilité intra-générationnelle (autrement dit, la mobilité professionnelle, ou encore la mobilité au cours d'une vie pour un individu) et beaucoup moins sur la mobilité intergénérationnelle (c'est-à-dire le changement d'une position sociale d'une génération à l'autre, du père au fils, par exemple).

La rareté, sinon l'inexistence, des travaux consacrés à la transmission intergénérationnelle des niveaux de revenus ou celle des catégories socioprofessionnelles s'explique principalement par la difficulté de construire (faute de données longitudinales) des tables de mobilités. En comparant la situation socioprofessionnelle des fils par rapport à celle occupée par leurs pères, ces tables

[76] Les premiers travaux consacrés à la mobilité sociale sont l'œuvre de Pitirim Sorokin (1927). Pour ce dernier, la mobilité sociale correspond au déplacement d'individus dans l'espace social ; autrement dit, c'est le fait de changer de catégories socioprofessionnelles ou de classes sociales soit au cours d'une vie, soit d'une génération à l'autre. La mobilité est ascendante lorsque l'individu grimpe dans la hiérarchie sociale, et dans le cas contraire, elle est descendante. Par ailleurs, si la mobilité sociale a été surtout analysée du point de vue de ses enjeux sociaux ou politiques, ses enjeux économiques ne doivent pas être ignorés. En effet, appréhendée comme le résultat d'une sélection des individus par différentes instances (la famille, l'école, les entreprises, etc.), elle permettrait d'opérer des choix efficaces, puisque chaque individu serait affecté à une certaine place en fonction de ses capacités et de ses mérites. Les meilleurs étant sélectionnés à tous les étages des organisations, l'économie en sera alors nécessairement plus performante.

permettent en effet d'apporter des réponses précises aux deux questions fondamentales suivantes :

(i) comment les personnes issues d'une catégorie donnée sont-elles réparties entre les différentes catégories sociales (sens père/fils) ?

(ii) de quelles catégories sociales proviennent les personnes composant une catégorie sociale déterminée (sens fils/père) ?

La question de la transmission intergénérationnelle de la pauvreté est un champ faiblement documenté au Sénégal, et en particulier, les données ou les estimations chiffrées font défaut[77]. Quelques travaux se sont néanmoins intéressés aux déterminants de ce système de reproduction des inégalités.

Cissé et Doucouré (2011) estiment que la transmission de la pauvreté est d'abord active et directe, et qu'elle résulte principalement d'une combinaison de facteurs économiques (situation des parents sur le marché de l'emploi, niveaux de revenus, etc.), professionnels (chômage de longue durée, précarité des emplois, faiblesse des rémunérations, etc.), résidentiels (lieux d'habitation), démographiques (taille des ménages, etc.), géo-climatiques (allongement des périodes de sécheresse, baisse de la pluviométrie, etc.), culturels (faibles niveaux de capital humain et de capital culturel, etc.), etc. Autrement dit, la transmission de la pauvreté découle surtout de la faiblesse des transferts des ressources matérielles des générations ascendantes vers les autres

---

[77] La force du lien entre origine et position peut être mesurée via par exemple la méthode du rapport de chances relatives pour accéder aux « bonnes positions » plutôt qu'aux « mauvaises » (*odds-ratio*). Ce rapport devrait être de 1 dans une société totalement fluide. Ainsi, en France, les estimations des *odds-ratio* ont montré que les enfants de cadres ont 30,5 fois plus de « chances » que ceux d'ouvriers d'accéder aux bonnes places plutôt qu'aux mauvaises (Vallet, 1999).

générations (dans un contexte de forte dépendance de ces dernières). Cissé et Doucouré identifient par ailleurs d'autres mécanismes de transmission, opérant plus lentement et selon un principe accumulatif : d'abord à travers l'immobilité sociale (contraction d'unions dans la même catégorie socio-économique, qui joue comme mécanisme de transmission lente et différée de la pauvreté) et ensuite via l'isolement social (mécanisme progressif d'affaiblissement du lien social, et à ce titre phénomène de transmission rampante de la pauvreté). En définitive, Cissé et Doucouré suggèrent d'une part, que l'immobilité sociale l'emporte sur la mobilité sociale, et d'autre part, que l'hérédité sociale est avant tout le produit d'un système d'héritages (du capital économique et du capital culturel) et de facteurs sociodémographiques. La fluidité sociale serait donc faible et par conséquent, la position sociale des individus serait fortement déterminée par leur origine sociale.

Lambert (2014) a mis en évidence des liens intergénérationnels importants, à travers notamment de fortes corrélations entre les secteurs d'occupation des parents et des enfants. Elle trouve cependant que les transferts de propriété (c'est-à-dire le fait d'hériter des terres et des logements) contribuent très peu à l'inégalité globale. Par contre, les autres formes d'héritage, les niveaux d'éducation, ainsi que les caractéristiques des parents jouent un rôle beaucoup plus important, et en particulier impactent davantage les niveaux de revenus ou de consommation des adultes.

Les travaux consacrés à la mobilité sociale (Vallet, 1999) ont montré que cette dernière, qu'elle soit ascendante ou descendante, concerne surtout les groupes socialement contigus. Autrement dit, les trajets longs (ascension d'une catégorie populaire vers une catégorie dominante, ou inversement chute d'une catégorie dominante vers une catégorie populaire) sont extrêmement rares[78]. S'il existe des échelles favorisant le passage entre catégories proches, un véritable fossé sépare cependant les catégories extrêmes. Donc, c'est parmi les catégories moyennes, qui offrent la double possibilité d'une ascension ou d'une chute, que la mobilité serait la plus forte. Assisterait-on au Sénégal à davantage de mobilité ascendante ou descendante ?

La « classe moyenne », dont l'émergence en Afrique avait été observée dans les années 1960 dans les milieux urbains (Balandier (1965), a eu tendance à se paupériser au Sénégal à partir des années 80, du fait notamment de la crise économique (Diop, 1992 ; Durufle, 1994 ; Diagne et Daffé, 2002 ; Moguerou, 2011)[79]. Quelques travaux menés à Dakar ont d'ailleurs montré que le phénomène de pauvreté s'est étendu jusque dans les quartiers favorisés et qu'il touchait, de plus en plus, des ménages de la classe moyenne naguère à l'abri des vicissitudes de la conjoncture économique (Diop, 1992 ; Dimé et Calvès, 2006). Une telle évolution témoigne plus globalement de ce que certains ont appelé une « moyennisation » des classes sociales supérieures (Antoine et Fall, 2002).

---

[78] Ces travaux montrent en effet que les enfants des classes populaires ont une plus forte probabilité d'accéder aux classes moyennes (soit dans la catégorie la plus proche) qu'aux classes supérieures, tandis que les enfants de cadres tombent plus fréquemment dans les classes moyennes que dans les classes populaires. Deux ou trois générations sont par ailleurs nécessaires pour parcourir le chemin qui mène des catégories inférieures aux catégories supérieures.

[79] Pour faire face à la crise, les programmes d'ajustement structurel ont été initiés, et les mesures auxquels ils ont conduits (plafonnement de la masse salariale de la fonction publique, réduction du nombre de fonctionnaires à travers notamment un programme dit de « départ volontaire », limitation des transferts et des appuis aux entreprises tant publiques que privées, arrêt des subventions aux producteurs ou aux consommateurs, etc.) ont été plus durement ressentis par les catégories sociales inférieures ou intermédiaires que par celles supérieures.

La question demeure de savoir si ces tendances constatées à l'échelle d'une génération, ont également été observées d'un point de vue intergénérationnel. Autrement dit, à propos du « déclassement » ou du « descenseur social », c'est-à-dire le fait pour les individus d'occuper un statut social inférieur à celui de leurs parents (Chauvel, 2006 ; Maurin, 2006, 2009 ; Peugny, 2009)[80], qu'en est-il au Sénégal ? A notre connaissance, aucune étude approfondie n'a été menée sur cette question au Sénégal : par conséquent, si la question de l'ascenseur social est parfois évoquée, on en sait toutefois très peu sur le déclassement intergénérationnel. Néanmoins, d'un point de vue général, ce que l'on sait, c'est par exemple que la paupérisation des classes moyennes implique qu'elles auront désormais du mal à sécuriser leurs positions dans la génération suivante. Autrement dit, les enfants issus de ces classes moyennes courent un grand risque de retomber dans la pauvreté dont, sont sortis peut-être leurs parents.

L'analyse de cette question de la reproduction des inégalités serait incomplète si elle n'abordait pas le rôle ou la responsabilité de l'École. En effet, l'école fonctionne de manière juste, si elle donne leurs chances à tous ceux qui ne sont pas des « héritiers » (Bourdieu et Passeron, 1964). Autrement dit, si ses classements finaux bouleversent les classements initiaux (Duru-Bellat, 2002). C'est donc en fabriquant une nouvelle inégalité, sur une base méritocratique cette fois-ci, ou autrement dit en assurant une l'égalité des chances, que l'école assure la mobilité sociale.

---

[80] Ce déclassement social peut être lié à « l'effet de lignée » : un fils de cadre supérieur dont le grand père était lui-même cadre a en effet plus de chance de rester cadre lui-même qu'un fils de cadre supérieur d'origine modeste.

De nombreuses études ont souligné, et parfois même dénoncé, le rôle des systèmes d'enseignement dans la perpétuation des inégalités de classe (Coleman, 1966 ; Bourdieu et Passeron, 1964, 1970 ; Bell, 1972, Jencks, 1972 ; Baudelot et Establet, 2009). Ces études concluent que l'école est davantage une instance de socialisation dont le but est d'assurer la reproduction sociale et de faire reconnaître comme légitime la sélection scolaire.

Qu'en est-il sur cette question au Sénégal ?

Dans un travail mené à Dakar, Moguérou (2011) a croisé les catégories socioprofessionnelles d'individus avec les niveaux d'études de leurs parents. Trois catégories professionnelles sont en particulier identifiées dans cette étude. La première catégorie regroupe les postes de l'administration publique et d'encadrement (politiques, intellectuels, ingénieurs, cadres supérieurs) ainsi que les employés qualifiés du secteur public et les agents de la sécurité publique. Ce premier groupe (CSP1), qui rassemble les salariés de l'État et des entreprises publiques occupant des fonctions d'encadrement ou des postes qualifiés. Quant au second groupe (CSP2), qui rassemble les travailleurs permanents et non manuels, il concerne les employés non qualifiés exerçant principalement dans le secteur public (entreprises nationalisées) et plus rarement dans le secteur privé. Enfin, les petits commerçants, les artisans, les agriculteurs-pêcheurs et les autres professions constituent la troisième et dernière catégorie (CSP3), caractérisée par des revenus irréguliers et un très faible capital culturel. Les résultats obtenus après croisement des variables sont les suivants :

- en ce qui concerne le groupe CSP1, 22,8% des pères sont diplômés de l'enseignement supérieur, 47,5% possèdent un titre du secondaire et 29,7% un certificat d'études primaires.

– en ce qui concerne le groupe CSP2, le niveau scolaire est hétérogène : 46,4% des pères n'ont jamais été scolarisés, 22,2% ont arrêté leurs études au primaire et plus d'un tiers (41,2%) d'entre eux a atteint le secondaire.

– en ce qui concerne le groupe CSP3, près des trois quarts des pères (72,5%) n'ont jamais fréquenté l'école et seuls 8,6% ont été scolarisés jusqu'au secondaire.

Globalement, cette étude a donc montré que les niveaux d'études des pères impactent fortement l'appartenance aux catégories extrêmes (CSP1 et CSP3).

Ces résultats doivent être mis en perspective avec d'autres travaux qui montrent que des disparités importantes en fonction de la qualité des apprentissages existent par rapport à l'origine sociale (mesurée à travers le niveau d'instruction scolaire ou le niveau de revenus des parents) ou à la localisation géographique (Diagne et *al.*, 2006). Ainsi, les résultats des élèves dont les parents ont un niveau supérieur ou égal au collège sont significativement supérieurs à ceux des autres élèves dont les parents ne sont pas instruits ou n'ont pas atteint le collège. Les élèves issus de familles riches ont également en moyenne des résultats significativement supérieurs à ceux des élèves issus de ménages pauvres. Enfin, les élèves issus du milieu urbain ont, en moyenne, des scores plus élevés que ceux du milieu rural.

Les travaux de Cissé et *al.* (2004) sur les inégalités dans l'accès à l'éducation au Sénégal apportent également un éclairage précieux sur les mécanismes ou les modalités à travers lesquels, l'école au Sénégal favoriserait la reproduction sociale. En particulier, ils montrent que l'inégalité des chances dans l'accès aux études (et plus précisément aux diplômes supérieurs) est de nature à entrainer une reproduction plus accentuée des élites politiques. L'accès des enfants à chacun des niveaux d'enseignement (mesuré par les taux bruts de scolarisation) est d'autant plus faible que les ménages sont pauvres. En effet, alors qu'au niveau élémentaire, le taux de scolarisation des enfants des 20% de ménages les plus riches est près de 3 fois supérieur à celui des enfants des 20% de ménages les plus pauvres (ces taux sont en effet de respectivement 34,3% et 94,4%), ce même rapport se chiffre à environ 16 dans l'enseignement moyen et à 20 dans le secondaire. Par ailleurs, les dépenses publiques en Éducation profitent d'autant moins aux élèves que ces derniers sont pauvres. Ainsi, pour les quatre niveaux d'enseignement confondus (élémentaire, moyen, secondaire et supérieur), les 20% des ménages les plus pauvres ne perçoivent que 11% des dépenses publiques, tandis que les 20% les plus riches en reçoivent 37%. Pour ce qui est uniquement de l'enseignement élémentaire, bien que les enfants appartenant aux ménages les plus pauvres représentent plus du quart (27,6%) des effectifs, ils ne bénéficient que de 16,8% des ressources publiques, tandis que les ménages les plus riches, qui comptent deux fois moins d'enfants en âge de scolarisation primaire (12,6%), reçoivent 21,1% de ces mêmes dépenses publiques. Pour ce qui est du collège, les ménages les plus riches, qui comptent une fois et demie moins d'enfants que les ménages pauvres, bénéficient de dix fois plus des ressources. Le même constat peut être fait pour l'enseignement secondaire où le quintile 5 reçoit seize fois plus de ressources que le quintile 1, alors que l'un représente 15,9% des effectifs et l'autre 20,8%. Dans l'enseignement supérieur, alors que le quintile des ménages les plus riches reçoit 73% des ressources publiques disponibles, les ménages les plus pauvres n'ont presque pas accès à ce niveau. De même, si la part des 40% de ménages les plus défavorisés est seulement de 1% des dépenses attribuées au supérieur, celle des deux quintiles les plus riches dépasse les 90%.

En définitive, ce qui peut être retenu, c'est que beaucoup d'efforts restent à faire au Sénégal pour que les enfants issus des ménages défavorisés accèdent et réussissent à l'école.

CONCLUSION

En Afrique en général et au Sénégal en particulier, il serait difficile de dire que les politiques de lutte contre la pauvreté ont véritablement connu un succès. En effet, malgré l'institutionnalisation par les pouvoirs publics des stratégies de réduction de la pauvreté, malgré la multiplication de projets et de programmes destinés à combattre la pauvreté, le constat demeure : le nombre de pauvres augmente sans cesse. Ainsi, c'est aujourd'hui en Afrique subsaharienne que le nombre de pauvres est le plus important au monde : d'après la Banque Mondiale (2015), environ 400 millions d'africains – soit près de 45% de la population totale de la région – vivent dans l'extrême pauvreté. Au Sénégal, les estimations les plus récentes indiquent que 46,7% de la population vivent en dessous du seuil de pauvreté, et près de 18% sont dans une situation d'extrême pauvreté (ANSD, 2012). Au cours de la décennie écoulée, on a noté très peu de progrès autour de cette question de la lutte contre la pauvreté.

Dans ces conditions, il est légitime de s'interroger sur le pourquoi de l'échec des politiques publiques et des stratégies nationales de lutte contre la pauvreté.

L'une des explications, qui est aussi à l'origine de ce travail, c'est qu'il y a un préalable à la lutte contre la pauvreté et il s'agit de la lutte contre les inégalités. En effet, de notre point de vue, on ne comprend rien, ou alors pas grand-chose, à la pauvreté si on la déconnecte de la question qui est celle des inégalités. L'Afrique d'ailleurs, ce n'est pas seulement le continent de la pauvreté massive, c'est aussi celui qui affiche les inégalités de revenus les plus élevées au monde.

Cependant en Afrique, les inégalités ne font pas l'objet de l'attention qu'elles mériteraient d'avoir. Certes, on constatera leur existence, on tentera de les mesurer parfois, tantôt elles seront abordées et en particulier lorsqu'il est question de croissance ou de lutte contre la pauvreté, mais en réalité, elles font très largement l'objet d'un intérêt pour elles-mêmes. Aussi, dans la plupart des pays africains, et le Sénégal n'y échappe pas, il n'existe donc pas véritablement de politiques ou de stratégies visant spécifiquement à lutter contre le système des inégalités. Car en réalité et on l'a vu dans les développements qui ont précédé, les inégalités forment un système, et s'il en est ainsi, c'est parce qu'elles interagissent entre elles, se cumulent et se reproduisent. Il s'agit donc d'un processus cumulatif au terme duquel les privilèges ou les handicaps s'accumulent (Bihr et Pfefferkorn, 1999).

Or en Afrique, on a tendance à considérer que la croissance de même que la lutte contre la pauvreté vont automatiquement résoudre le problème des inégalités. On préférera donc d'une part, établir des relations ou calculer des formules liant la croissance à la réduction de la pauvreté, et d'autre part, estimer les taux de croissance pour atteindre les objectifs de développement (au sein desquels figure systématiquement la réduction de la pauvreté, mais rarement celle des inégalités). Au final, on en saura bien peu sur le système des inégalités, ainsi que sur ses conséquences ou ses effets, tant au niveau individuel qu'à l'échelle macro-économique.

L'une des raisons de cet état de fait est que si les inégalités forment un système, elles sont néanmoins rarement abordées ou étudiées en Afrique comme tel. En effet, et cela a également été rappelé tantôt, les études et analyses consacrées aux inégalités en Afrique privilégient rarement une approche systémique. Autrement dit, l'analyse des inégalités sur le continent est souvent parcellaire, segmentée, fractionnée, et cela empêche de saisir à leur juste valeur ou de traiter comme il se doit les questions liées aux interactions, au cumul et à la reproduction des inégalités.

Cette absence de systématisation de la recherche autour des inégalités a également son équivalent du point de vue de la conduite des politiques publiques. En effet, sur le continent africain, la lutte contre les inégalités est rarement institutionnalisée, et autrement dit, elle est peu ancrée dans les politiques publiques. Les documents stratégiques nationaux restent globalement évasifs autour des inégalités, et très souvent, ils se limitent d'une part à reconnaitre l'existence des inégalités, et d'autre part à proclamer leur attachement aux principes d'égalité ou de justice sociale. L'analyse détaillée des politiques publiques, effectivement mises en œuvre, ne révèlera cependant rien, ou alors pas grand-chose, visant spécifiquement les inégalités. Ces politiques publiques laissent donc à croire que les inégalités sont de nature à se résorber toutes seules, d'où l'absence de mesures concrètes. Une analyse rapide du cadrage macro-économique permet d'ailleurs de se rendre compte que la lutte contre les inégalités est loin d'être une priorité. Pour accélérer la croissance, différentes stratégies seront préconisées (ouverture économique, réforme de la fiscalité, etc.) et pour y arriver, seront proposées différentes mesures dont les conséquences ne feront que renforcer les inégalités. Sur le plan fiscal par exemple, on assistera à un accroissement du taux de la taxe sur la valeur ajoutée, ainsi qu'à une baisse du taux d'imposition sur les bénéfices des entreprises, toutes choses qui accroissent la pression fiscale sur des catégories peu favorisées et déjà fortement mises à contribution.

Pourtant, sur le plan international, et contrairement à ce qui est constaté pour l'Afrique, la question des inégalités est devenue un objet de préoccupation majeure, et, elle est même au cœur des débats politiques, économiques et sociaux. S'il en est ainsi, c'est parce que leur accroissement ces dernières années a été confirmé sur la période récente par de nombreux travaux (Piketty, 2008, 2013 ; Stiglitz, 2012, 2015 ; OXFAM, 2014, 2015), et qu'une large part de l'opinion le perçoit comme tel. Et comme le rappelle fort justement Piketty (2008), « les désaccords sur la forme concrète ou l'opportunité de la lutte contre les inégalités ne sont pas nécessairement dus à des principes contradictoires de justice sociale, mais plutôt à des analyses contradictoires des mécanismes économiques et sociaux qui produisent les inégalités ». Par conséquent, conclut-il, « seule une analyse minutieuse des mécanismes socio-économiques produisant l'inégalité, permettrait effectivement d'accorder leur part de vérité à chacune des visions de la redistribution et de l'équité, et contribuerait également à la mise en place d'une redistribution plus juste et plus efficace ». C'est dire donc tout l'intérêt non seulement de multiplier les études sur les inégalités en Afrique, mais aussi – afin de mieux en appréhender la complexité – de privilégier les approches systémiques, et donc de décloisonner la recherche autour des inégalités.

Concernant tout d'abord la nécessité de multiplier les études consacrées aux inégalités, notre travail, en recensant les données et les travaux menés autour des inégalités au Sénégal, a permis d'identifier des « zones d'ombres », autrement dit, les thématiques autour desquelles la recherche ainsi que les services statistiques nationaux (dont c'est aussi la mission d'aider à une meilleure compréhension des réalités nationales) doivent encore progresser. Ces données et ces analyses manquantes concernent en particulier les inégalités face au patrimoine (et en particulier celles face aux revenus de la propriété), au partage de la valeur ajoutée, aux dépenses budgétaires ou aux revenus de transferts, etc. Au-delà, il convient également de documenter davantage des questions telles que la transmission intergénérationnelle des inégalités, les inégalités intra-catégorielles, le cumul et le renforcement mutuel entre les inégalités économiques et celles à caractère social, etc.

Tout d'abord, concernant le système des inégalités, le patrimoine est fondamental, et pour plusieurs raisons. D'abord, il est très inégalement réparti, du fait qu'il se transmet par héritage. Le patrimoine est ensuite cumulatif, dans la mesure où par exemple le patrimoine immobilier permet de toucher des loyers et donc, de réaliser des plus-values. Sur le plan international, plusieurs études ont montré non seulement que les inégalités de patrimoine sont beaucoup plus fortes que les inégalités de revenus[81], mais aussi que les inégalités de patrimoine ont fortement augmenté ces vingt dernières années[82]. Au Sénégal, des études et des enquêtes complémentaires sur ces patrimoines sont d'autant plus importantes à mener qu'ils échappent encore en grande partie au système fiscal, ce qui pose problème du point de vue notamment de l'équité fiscale ou de l'efficacité de la politique de redistribution[83].

Quant à la transmission intergénérationnelle des inégalités, on a vu tantôt qu'elle était encore très mal documentée au Sénégal. Or il s'agit d'une question centrale puisque les inégalités économiques et sociales, en se

---

[81] En France par exemple, le patrimoine moyen des 10% les plus riches (1,2 million d'€) est 920 fois supérieur au patrimoine moyen des 10% les plus pauvres (1 350€) alors que l'inégalité entre le niveau de vie moyen des 10% les plus riches et celui des 10% les plus pauvres n'est que de 1 à 9 (INSEE, 2011).

[82] Toujours en France, le patrimoine moyen des 10% les plus riches a augmenté de 400 000€ alors que celui des 10% les plus pauvres n'a progressé que de 114€ (INSEE, *op. cit.*).

[83] Selon Piketty, si l'on souhaite limiter la hausse des inégalités, il est nécessaire de mettre en place des évaluations précises des hauts patrimoines.

cumulant et en se renforçant[84], expliquent pourquoi le statut social, bien qu'il soit acquis, peut néanmoins se transmettre d'une génération à une autre. On est ici en présence d'un cercle vicieux, qui peut être illustré simplement de la façon suivante : les inégalités de revenus engendrent des inégalités face à l'école qui débouchent elles-mêmes sur des inégalités devant l'emploi. Ainsi, les plus favorisés, en cumulant les avantages, peuvent transmettre plus facilement leur position sociale[85]. Au-delà de la transmission, il y a également lieu de s'intéresser davantage au déclassement, c'est à dire le fait pour les individus d'occuper un statut social inférieur à celui de leurs parents. Certes quelques études ont suggéré une paupérisation des classes moyennes (Diop, 1992 ; Dimé et Calvès, 2006) ou une « moyennisation » des classes supérieurs inférieures (Antoine et Fall, 2002). Toutefois, les données chiffrées et en particulier, les séries longues manquent pour pouvoir analyser finement ces phénomènes.

La recherche autour des inégalités, en Afrique en général et au Sénégal en particulier, gagnerait également à dépasser les analyses classiques en termes de classes sociales et de catégories socioprofessionnelles, et donc, à intégrer les nouvelles formes d'inégalités entre les hommes et les femmes, entre les classes d'âge et les générations, entre les nationaux et les étrangers, entre les « indigènes » et les « allogènes », entre les « connectés » et les « non connectés », etc. La nouveauté n'est pas due ici aux inégalités en tant que telles (ces dernières, dans leur

---

[84] C'est d'ailleurs cela qui fait dire à Stiglitz (2012) que la politique et l'économie ne peuvent être séparés nettement, puisqu'un nœud se crée entre les deux : « l'aggravation de l'inégalité économique se traduit en inégalité politique ; cette inégalité politique accroît l'inégalité économique » (p. 15).

[85] L'homogamie (c'est-à-dire la tendance à se marier dans un milieu social identique au sien) joue ici un rôle important.

majorité, sont en effet relativement anciennes), mais plutôt à l'apparition de nouvelles luttes (lutte des femmes, des jeunes86, des minorités, etc.). L'intensité de ces nouvelles formes d'inégalités conduit d'ailleurs à s'interroger sur la pertinence des stratifications anciennes en termes notamment de professions et de catégories socioprofessionnelles. Par ailleurs, la prise en compte des inégalités intra-catégorielles constitue un angle intéressant d'élargissement ou de renouvellement des analyses consacrées aux inégalités. En effet, au sein de groupes ou de catégories traditionnellement considérées comme homogènes, les niveaux et les conditions de vie sont de plus en plus disparates, sous l'influence de facteurs liés notamment à des trajectoires professionnelles ou personnelles. Pour toutes ces raisons, et pour bien d'autres, la mesure des inégalités à un instant « t » devient vite erronée ou caduque, d'où la double nécessité d'une part de suivre « la carrière » des individus et d'autre part de mesurer les inégalités sur différentes cohortes ; en définitive, c'est seulement en étudiant, par exemple, l'ensemble des revenus perçus que des comparaisons pertinentes pourraient être établies.

L'analyse des inégalités à l'échelle du continent africain, entre régions et États, constitue également un terrain d'étude fort intéressant. L'aspiration à l'émergence balaie aujourd'hui toute l'Afrique, et, elle pourrait impliquer un risque de creusement des inégalités sur le continent. Ces inégalités pourraient également se renforcer entre les pays

[86] En Afrique, la question de la jeunesse est devenue incontournable. Avec près de 200 millions d'habitants âgés de 15 à 24 ans, le continent détient en effet la population la plus jeune du monde, et celle-ci s'accroît à vive allure (le nombre de jeunes en Afrique doublera par exemple d'ici 2045). Dans un tel contexte, il y a un grand intérêt non seulement à mieux appréhender les inégalités dont sont victimes ces jeunes, mais aussi à y apporter des solutions.

stables et les États fragiles ou en conflit, entre les pays détenteurs de ressources naturelles et ceux faiblement pourvus, entre les territoires côtiers et ceux enclavés... [87]

En définitive, analyser les inégalités, c'est aussi chercher à contribuer à leur réduction ou à leur résorption. Assurément, ce n'est pas chose aisée, puisque comme cela a été rappelé, les inégalités en interagissant entre elles, se déterminent réciproquement. Elles ne peuvent donc s'expliquer et se comprendre qu'à travers leurs relations, puisqu'elles sont mutuellement causes et effets les unes les autres. Comment lutter contre le système des inégalités dès lors qu'il est aussi complexe ? Exercice périlleux sans doute que de chercher à réduire la force ou l'emprise d'un tel système. Mais le Sénégal, et plus globalement les pays africains, ont-ils seulement le choix ? En effet, à tous points de vue, les inégalités font peser des risques sur la société. Piketty rappelait, fort justement, que la répartition des richesses constitue un problème politique fondamental pour la stabilité des sociétés démocratiques modernes. D'un point de vue philosophique ou moral, estimait Mandela (2012), « *l'indigence et l'inégalité criante sont des fléaux si épouvantables de notre époque (...) qu'elles ont leur place aux côtés de l'esclavage et de l'apartheid* ».

Le Sénégal ambitionnant, non seulement, de renforcer sa démocratie, mais aussi d'être un pays émergent, on peut légitimement s'interroger sur la compatibilité de ces dernières aspirations avec un système économique et social fortement inégalitaire, et *in fine* provoquant une transmission du statut social d'une génération à une autre. À la suite d'Amartya Sen, on peut en effet considérer que les moyens concrets d'exercice des libertés fondamentales,

[87] Plus généralement, ces inégalités pourraient être étudiées sur le continent sur la base de facteurs territoriaux (ou géographiques), linguistiques, culturels, économiques, politiques, etc.

ont autant d'importance que ces libertés elles-mêmes. Autrement dit, il est heureux que l'égalité ait été érigée au Sénégal en principe constitutionnel[88], mais cela resterait insuffisant tant qu'une large proportion des citoyens ne disposerait pas des moyens d'en jouir effectivement. Certes, il ne s'agit pas non plus de verser dans un égalitarisme abstrait, qui donnerait à croire que les rapports de production ou les hiérarchies sociales pourraient rapidement et facilement être effacées. Mais il est vrai aussi que quelques-unes des inégalités que nous avons décrites dans ce travail sont davantage la conséquence de choix politiques ou économiques réversibles. Autrement dit, elles résultent de ce que Bihr et Pfefferkorn (1999), à la suite de Gramsci, ont appelé « des compromis institutionnels ». Dans le cas du Sénégal, la politique fiscale, et en particulier la forte fiscalisation des revenus tirés du salaire, sont illustratifs de ces compromis institutionnels.

Aussi, il revient en premier à l'État – s'il veut donner du contenu au « contrat social », et s'il ambitionne également de relever les défis de l'émergence ou du développement – de promouvoir un cadre favorable à la réduction des inégalités. Le fait-il suffisamment ou le fait-il bien au Sénégal ? La question mérite, en tout cas, d'être posée. Au-delà du seul Sénégal, ce sont d'ailleurs tous les États qui

---

[88] Ci-après les principaux passages de la Constitution du Sénégal (adoptée suite au référendum du 20 mars 2016) évoquant les inégalités (dans l'ancienne constitution, les mêmes principes figuraient, sous des formulations toutefois légèrement différentes) :

- Préambule : « Le Peuple du Sénégal souverain (…), proclame (…) le rejet et l'élimination, sous toutes leurs formes de l'injustice, des inégalités et des discriminations » ;
- Article premier : « La République du Sénégal est laïque, démocratique et sociale. Elle assure l'égalité devant la loi de tous les citoyens, sans distinction d'origine, de race, de sexe, de religion. »

sont aujourd'hui interpellés, puisque les inégalités sont aujourd'hui mondiales.

Mais ce ne sont pas seulement les États qui sont interpellés par les inégalités. Les sciences sociales le sont également, plus que tout autre champ disciplinaire. En effet, ce sont elles qui couvrent le mieux la pluri-dimensionnalité des inégalités, et qui, donc sont également le mieux capable d'en rendre compte ou de les analyser. Mais pour les sciences sociales, le défi n'est pas seulement celui-là, lorsqu'il est question des inégalités. Il s'agit aussi d'opérer de manière interdisciplinaire, et donc de réunir dans de mêmes travaux des économistes, des sociologues, des démographes, des historiens, des statisticiens, etc. Chacune de ces disciplines dispose de ses propres orientations méthodologiques et approches théoriques, lesquelles ne rendent toutefois compte que partiellement de la réalité. En clair, si l'on veut saisir au mieux la pluri-dimensionnalité des inégalités ainsi que la complexité du système des inégalités, il est nécessaire de confronter ces différentes orientations et approches. Un dernier défi qui se pose aux sciences sociales, africaines cette fois ci, c'est de parvenir à développer autour des inégalités des analyses, des approches et des théories qui rendent davantage compte des spécificités (sociales, culturelles, économiques, politiques, etc.) africaines. L'étude des inégalités en termes de classes, fortement inspirée par l'analyse marxiste par exemple, n'est certainement pas des plus appropriées pour rendre compte des dynamiques africaines. De même, l'Afrique dispose de formes de solidarités qui, lorsqu'elles ne sont pas prises en compte ou sont mal intégrées dans l'analyse, pourraient conduire à surestimer la portée ou l'effet des inégalités apparentes, c'est-à-dire celles qui sont révélées par les données brutes (c'est par exemple le cas pour les inégalités de revenus). Finalement, c'est peut-être un travail de déconstruction des inégalités qui est attendu des sciences sociales africaines. Vaste défi sans doute, mais que les chercheurs africains, nous n'en doutons pas, sauront relever.

BIBLIOGRAPHIE

Agence Nationale de la Statistique et de la Démographie (2013), *Enquête nationale sur les Petites et Moyennes Entreprises (PME)*, Dakar, Ministère de l'Économie et des Finances, 61 p.

Agence Nationale de la Statistique et de la Démographie (2013), *Recensement Général de la Population, de l'Habitat, de l'Agriculture et de l'Élevage (RGPHAE), Résultats définitifs*, Dakar, Ministère de l'Économie et des Finances, 417 p.

Agence Nationale de la Statistique et de la Démographie (2015), *Note d'information sur les résultats de la Première Enquête Nationale sur l'Emploi au Sénégal*, novembre, Dakar, Ministère de l'Économie et des Finances 4 p.

Agence Nationale de la Statistique et de la Démographie (2001), *Deuxième Enquête de Suivi de la Pauvreté au Sénégal*, ESPS-II., Dakar, Ministère de l'Économie et des Finances, 122 p. (+ Annexe)

Agence Nationale de la Statistique et de la Démographie (2001), *Première Enquête de Suivi de la Pauvreté au Sénégal*, ESPS-I, Dakar, Ministère de l'Économie et des Finances, 64 p. (+ Annexe).

Agence Nationale de la Statistique et de la Démographie (2004), *L'emploi, le chômage et les conditions d'activités dans l'agglomération dakaroise, Résultats de la phase 1 de l'Enquête 1-2-3*, Dakar, Ministère de l'Économie et des Finances, 41 p.

Agence Nationale de la Statistique et de la Démographie (2005), *Deuxième Enquête Sénégalaise Auprès des Ménages*, ESAM-II, Dakar, Ministère de l'Économie et des Finances, 260 p.

Agence Nationale de la Statistique et de la Démographie (2013), *Enquête Nationale sur le Secteur Informel au Sénégal*, Dakar, Ministère de l'Économie et des Finances, 64 p.

Agence Nationale de la Statistique et de la Démographie, *Situation Économique du Sénégal* (SES), Dakar, Ministère de l'Économie et des Finances, Éditions 2007 à 2013

Antoine P. et A.S. Fall (dir.) (2002), « *Crise, passage à l'âge adulte et devenir de la famille à Dakar* », Rapport d'étape pour le CODESRIA, Mars, Dakar, IRD-IFAN, 118 p. (+ 22 p. annexes).

Antoine Ph., M. Razafindrakoto, F. Roubaud (2001). *Contraints de rester jeune ? Évolution de l'insertion dans trois capitales africaines : Dakar, Yaoundé, Antananarivo*. Paris, Autrepart.

Banque Mondiale (1995), *Sénégal : An assesment of living conditions*, Rapport n° 12517/SN, Washington, Banque Mondiale, 88 p.

Banque Mondiale (2007), *Sénégal. A la Recherche de l'Emploi – Le Chemin vers la Prospérité,* Mémorandum Économique sur le pays, Rapport 40344/SN, Washington, Banque Mondiale, 122 p. (+ Annexe).

Baudelot C. et R. Establet (2009), *L'élitisme républicain. L'école française à l'épreuve des comparaisons internationales*, Paris, Seuil, coll. « La république des idées », 117 p.

Baumann, Éveline (1999), *Travail et mondialisation au Sénégal*, Document de travail. Bondy, IRD, 40 p.

Baumann, Éveline (2010), *Protections sociales en Afrique subsaharienne : le cas du Sénégal*. Note n°56, Paris, Fondation Jean-Jaurès, 19 pages.

Bihr, Alain et Roland Pfefferkorn (1999), *Déchiffrer les inégalités*, 2e édition, Alternatives Économiques. Paris, Syros, 420 p.

Bihr, Alain et Roland Pfefferkorn (2008), *Le système des inégalités*. Paris, La Découverte, Coll. "Repères Sociologie", 122 p.

Bihr, Alain et Roland Pfefferkorn (2014) (dir), *Dictionnaire des Inégalités*. Paris, Armand Colin, 442 p.

BIT (2008), *Sénégal. L'analyse des prestations et des indicateurs de résultats de la protection sociale*, Département de la Sécurité Sociale, Genève, Bureau International du Travail, 159 p.

Bocquier Ph. (1996), *Insertion et mobilité professionnelle à Dakar*, Paris, IFAN/ORSTOM, 312 p.

Bourdieu P. et J.-C. Passeron (1964), *Les héritiers. Les étudiants et leurs études*, Paris, Les Éditions de Minuit, 192 p.

Bourguignon, François (2012), *La Mondialisation de l'inégalité*, Paris, Le Seuil, "La République des idées", 112 p.

Chauvel, L. (2006), *Les classes moyennes à la dérive*, Paris, Seuil, Coll. « La république des idées », 108 p.

Cissé Fatou, Gaye Daffé, Abdoulaye Diagne (2004), « *Les inégalités dans l'accès à l'éducation au Sénégal* », Revue d'économie du développement, Vol. 12, No. 2, pp. 107-122

Cissé Rokhaya et Bakary Doucouré (2011), *Transmission intergénérationnelle de la pauvreté*, in. A.S. Fall et al*ii*, *Les Dynamiques de la Pauvreté au Sénégal. Pauvreté chronique, pauvreté transitoire et vulnérabilités*. Dakar, IFAN/LARTES, pp. 128-158.

Cogneau, Denis (2007), *L'Afrique des inégalités : où conduit l'histoire ?*, Collection du CEPREMAP (Centre pour la Recherche Économique et ses Applications), Paris, Éditions Rue d'Ulm/Presses de l'École normale supérieure, 64 p.

Cogneau, Denis, T. Bossuroy, P. De Vreyer, C. Guenard, V. Hiller, P. Leite, S. Mesple-Somps, L. Pasquier-Doumer, C. Torelli (2006), *Inégalités et équité en Afrique*, Document de travail DT/2006-11. Paris, IRD/DIAL, 43 p.

Cohen J. (1984), *La TVA, un impôt inégalitaire mal connu*, Consommation No. 1, Paris, CREDOC.

Coleman, J.S., E.Q. Campbell, C.J. Hobson, J. McPartland, A.M. Mood, F.D. Weinfeld and R.L. York (1966), *Equality of Educational Opportunity*, Washington, D.C., U.S. Government Printing Office.

De Soto, H. (2000), *Le mystère du capital*, Paris, Flammarion, 303 p.

Diagne A. et G. Daffé (2002), *Le Sénégal en quête d'une croissance durable*, Paris, Karthala, 278 p.

Diagne A., I. Kafando, M.H. Ounteni (2006), *Déterminants des apprentissages dans l'éducation primaire au Sénégal*, Working Paper Series, Secretariat for Institutional Support for Economic Research in Africa, Dakar, CREA, 44 p.

Diagne Abdoulaye, François Joseph Cabral, Fatou Cissé, Mamadou Dansokho, Samba Ba (2003), "*Politiques commerciales, intégration régionale et distribution de revenus au Sénégal*", Document de recherche, Programme Impacts microéconomiques des politiques macroéconomiques et d'ajustement structurel au Sénégal (MIMAP/Sénégal), Dakar, CREA, 56 p.

Dieng, Amady Aly (1975), "*L'accumulation du capital et la répartition des revenus au Sénégal*", Présence Africaine, Vol. 1, N° 93.

Dimé, M. et A. Calvès (2006), « *Du jamonoy twist au jamonoy xoslu : le basculement dans la précarité de ménages de la classe moyenne à Dakar* », Revue canadienne des études africaines, vol. 40, No. 3, p. 401- 425.

Diop M.C. (1992), *Sénégal. Trajectoires d'un État*, Dakar, CODESRIA, 500 p.

Diop M.C. et A. Ndiaye (1998), "*Les études sur la pauvreté au Sénégal : un état des lieux*", *Africa: Rivista trimestrale di studi e documentazione dell'Istituto italiano per l'Africa e l'Oriente*, Anno 53, No. 4, pp. 459-478.

Diop, Abdoulaye Bara (1981), *La société wolof. Les systèmes d'inégalité, de changement et de domination*, Paris, Karthala, 358 p.

Diop, Cheikh Anta (1960), *L'Afrique noire précoloniale, étude comparée des systèmes politiques et sociaux de l'Europe et de l'Afrique noire, de l'Antiquité à la formation des États modernes*, Paris, Présence Africaine, 278 p.

Diop, Majmout *(1971), Histoire des classes sociales dans l'Afrique de l'Ouest*, Tome 2, *Le Sénégal*, Paris, L'Harmattan, 125 p.

Direction de la Prévision et des Statistiques (1995), *Première Enquête Sénégalaise Auprès des Ménages*, ESAM-I, Dakar, Ministère de l'Économie et des Finances, 153 p.

Duru-Bellat, Marie (2002), *Les Inégalités sociales à l'école, genèses et mythes*, Paris, PUF, 250 p.

Durufle G. (1994), *Le Sénégal peut-il sortir de la crise ?*, Paris, Karthala, 224 p.

Fall A.S. (dir) (2011), *Les Dynamiques de la Pauvreté au Sénégal. Pauvreté chronique, pauvreté transitoire et vulnérabilités*, Dakar, IFAN/LARTES, 310 p.

Fall, Alsim et Serigne Moustapha Sène (2010), *Taxation optimale des ménages et réformes fiscales au Sénégal*, Direction de la Prévision et des Études Économiques, Document d'Étude N°18, Dakar, Ministère de l'Economie et des Finances, 36 p.

Fitoussi, J-P. et P. Rosanvallon (1996). *Le nouvel âge des inégalités*. Paris, Seuil, 232 p.

FMI (2015), *Afrique subsaharienne. Faire face à un environnement qui se dégrade*, Perspectives économiques régionales, Washington, Fonds Monétaire International, 124 p.

Fosu, A. (2011), *Growth, Inequality, and Poverty Reduction in Developing Countries. Recent Global Evidence*. Helsinki, UNUWIDER Working Papers, No. 1, Université des Nations-Unies.

Friedman, Milton (1962), *Capitalism and Freedom,* Chicago, University of Chicago Press, 320 p.

Guénard C. et Dubois, J.-L. (2001), "*Inégalités, croissance et pauvreté en Afrique subsaharienne*", *in* Winter, G. (dir.)

(2001), *Inégalités et politiques publiques en Afrique. Pluralité des normes et jeux d'acteurs*. Paris, IRD-Karthala.

Hayek, Friedrich A. (2010), *La route de la servitude*, Paris, PUF, Coll. Quadrige, 260 p.

INSEE (2011), *Les inégalités de patrimoine s'accroissent entre 2004 et 2010*, INSEE Première, N° 1380, novembre, 4 p.

Kuznets, S. (1955), "*Economic Growth and Income Inequality*", American Economic Review, Vol. XLV, No. 1, mars, pp. 1-28

Lambert S., M. Ravallion et D. van de Walle (2014), "*Intergenerational Mobility and Interpersonal Inequality in an African Economy*", Journal of Development Economics, Vol. 110(C), p. 27-344

Mandela, Nelson (2012), *Pensées pour moi-même*, Paris, Points, 290 p.

Maurin, E. (2006), *La nouvelle critique sociale*, Paris, La République des idées. Ed. du Seuil-Le Monde, 124 p.

Maurin, E. (2009), *La peur du déclassement. Une sociologie des récessions*, Paris, Seuil, Coll. « La République des idées », 96 p.

Mbow, Penda (2000), « *Démocratie, droits humains et castes au Sénégal* », Journal des africanistes, Tome 70, fascicule 1-2, pp. 71-91.

Minvielle J.P., A. Diop, A. Niang (2005), *La pauvreté au Sénégal, des statistiques à la réalité*. Paris, Khartala, Coll. Économie et Développement, 288 p.

Moguérou Laure (2011), « *La démocratisation de l'école à Dakar : les enseignements d'une enquête biographique* », Autrepart, Vol. 3, N° 59, p. 91-108

Nébié, Gustave (2003), "*Nouveaux rapports entre acteurs, nouveaux modèles de croissance. Réflexion sur des pistes novatrices de stratégies et politiques de lutte contre la pauvreté et les inégalités*", Afrique contemporaine, 4/2003 (n° 208), p. 13-29.

Niane, Abdoulaye (2015), *Tax Policy in Senegal: Increasing Progressivity, Combatting tax dodging and harmful tax incentives and the Role of the IMF*, Country study research, Rapport provisoire, Dakar, OXFAM/DFI, 22 p.

OXFAM (2014), *À Egalité ! Il est temps de mettre fin aux inégalités extrêmes*, Résumé, Londres, OXFAM-GB, 35 p.

OXFAM (2015), *Insatiable richesse : toujours plus pour ceux qui ont déjà tout.* Rapport thématique, janvier, Londres, OXFAM-GB, 14 p.

Peugny, C. (2009), *Le déclassement*, Paris, Grasset, 175 p.

Piketty, Thomas (2008), *L'Économie des inégalités*, 6e édition, Paris, La Découverte, Coll. « Repères », 128 p.

Piketty, Thomas (2013), *Le Capital au XXIe siècle*, Paris, Le Seuil, Coll. "Les Livres du Nouveau Monde", 976 p.

Projet sur la capacité de la recherche et de plaidoyer pour une fiscalité équitable (2013), *Éléments de diagnostic pour l'élaboration d'une fiscalité équitable au Sénégal,* Dakar, CRAFT, 129 p.

Ravallion, M. (2001), "*Growth, Inequality and Poverty: Looking Beyond Averages*", World Development, vol. 29, no 11, pp. 1803-1815.

Rawls, John (1971), *A Theory of Justice*. Cambridge, Harvard, HUP.

République du Sénégal (2003), *Document de Stratégie de Réduction de la Pauvreté* (DSRP-I, 2003-2005), Dakar, Gouvernement du Sénégal, 78 p.

République du Sénégal (2006), *Deuxième Document de Stratégie de Réduction de la Pauvreté* (DSRP-II, 2006-2010), Dakar, Gouvernement du Sénégal, 102 p.

République du Sénégal (2008), *Stratégie nationale d'extension de la couverture du risque maladie des Sénégalais*, Dakar, Ministère de la Sante et de la Prévention.

République du Sénégal (2012), *Code Général des Impôts.* Journal Officiel N° 6706 du 31.12.2012, Dakar, Gouvernement du Sénégal.

République du Sénégal (2014), *Évaluation quantitative du DSRP-II : dynamique de la pauvreté monétaire*, Note technique thématique pour le Groupe Consultatif du Sénégal, Dakar, Gouvernement du Sénégal, 16 p.

Sen Amartya (2001), *Repenser l'inégalité.* Paris, Le Seuil, Coll. "L'histoire immédiate", 281 p.

Sorokin P. A. (1927), *Social mobility*, New York, Harper & Brothers [rééd. en 1959, Social and cultural mobility, Glencoe, Free Press].

Stiglitz, Joseph (2012), *Le prix de l'inégalité*, Paris, Les Liens qui libèrent, 515 p.

Stiglitz, Joseph (2015), *La grande fracture. Les sociétés inégalitaires et ce que nous pouvons faire pour les changer*, Paris, Les Liens qui Libèrent, 448 p.

Tocqueville, Alexis de (1835), *De la démocratie en Amérique* (version téléchargeable en ligne, DOI http://dx.doi.org/doi:10.1522/cla.toa.dem1)

Vallet, Louis-André (1999), « *Quarante années de mobilité sociale en France* », Revue française de sociologie, Vol. 40 Numéro 1, pp. 5-64.

LISTE DES TABLEAUX

LISTE DES FIGURES

TABLES DES MATIÈRES

Ce travail de recherche a été rendu possible par le Conseil pour le développement de la recherche en sciences sociales en Afrique (CODESRIA) qui a bénéficié, dans le cadre de ce programme, du financement de ses partenaires financiers, en l'occurrence OSF/HESP (Open Society Foundation / Higher Education Support Program).

Le Sénégal
aux éditions L'Harmattan

Dernières parutions

L'ESTHÉTIQUE SOCIALE DES PULAAR
Socioanalyse d'un groupe ethnolinguistique
Sy Harouna
L'esthétique sociale pulaar est une mise en ordre éthique de la vie sociale. Elle est l'inventaire systématique de ce qu'il y a de beau et de laid dans le social relativement à ses valeurs, à ses normes, à ses règles et à ses codes qui commandent des postures, des relations, des rapports et des qualités appropriés. L'analyse des contradictions de la société pulaar du Fuuta Tooro a révélé des logiques et des stratégies fondées sur des rapports de castes et sur les représentations sociales que ces rapports produisent.
(31.00 euros, 304 p.)
ISBN : 978-2-343-11189-6, ISBN EBOOK : 978-2-14-002810-6

LE BAYNUNK GUNAAMOLO, UNE LANGUE DU SUD DU SÉNÉGAL
Analyse phonologique, morphologique et syntaxique
Diop Sokhna Bao - Préface de Denis Creissels
Le Sénégal est un pays multilingue avec des langues majoritaires et des langues minoritaires, de par le nombre de leurs locuteurs, mais également de par la quantité de travaux dont chacune dispose. Les langues majoritaires ont fait l'objet de nombreuses recherches, à la différences des langues minoritaires. Ce constat est à l'origine du choix porté sur la description de la variante gunaamolo du baynunk (parlé au sud du Sénégal, plus précisément à Niamone, dans la région de Ziguinchor) qui est une langue en danger très peu décrite. L'utilité et l'intérêt de ce travail résident dans la sauvegarde et la connaissance de cette langue et sa communauté. Elle peut servir aussi de référence à des recherches futures.
(Coll. Études africaines, 38.50 euros, 392 p.)
ISBN : 978-2-343-09614-8, ISBN EBOOK : 978-2-14-002913-4

DE L'HÉRITAGE ARABO-ISLAMIQUE SAINT-LOUISIEN
Une illustration par les œuvres d'Abbas Sall et d'Abdoulaye Fall Magatte
Fall Cheikh Tidiane - Préface de Samba Dieng et Postface de Mouhamed Habib Kébé
Cet ouvrage porte sur la réhabilitation du legs culturel arabo-islamique ouest-africain en général et saint-louisien en particulier. Revaloriser un pan du patrimoine culturel par l'entremise de l'imagination poétique locale de deux intellectuels demeure l'objectif principal de cette étude. Une partie descriptive

constituée de la traduction d'une cinquantaine de poèmes suivie d'un volet analytique constitue la méthodologie de ce travail de recherche. La moisson tirée de ce travail préliminaire apporte quelques éclairages sur l'intérêt de la traduction de manuscrits arabes, notamment ceux produits par d'éminents ulémas du Sénégal, tels les deux poètes faisant l'objet de cette étude.
(Harmattan Sénégal, 35.00 euros, 340 p.)
ISBN : 978-2-343-11306-7, ISBN EBOOK : 978-2-14-003014-7

L'AGRICULTURE DU SÉNÉGAL SOUS LA COLONISATION
Diop Ismaïla
L'introduction de l'arachide au Sénégal au début du XXe siècle révolutionne le paysage agricole. La France décide alors de faire du Sénégal une colonie arachidière. Le Sénégal devient la troisième puissance arachidière du monde après les États-Unis et l'Inde. Cette monoculture extensive aboutit à un déficit vivrier chronique, une dégradation des sols, une dépendance vis-à-vis des importations de riz en provenance d'Asie. Pour y remédier, le rapport de la mission Roland Portères de 1952 recommande des mesures d'aménagement du territoire, de restauration des sols, de promotion de l'agriculture intégrée sérère.
(Harmattan Sénégal, 23.50 euros, 218 p.)
ISBN : 978-2-343-11129-2, ISBN EBOOK : 978-978-2-14-002836-6

CASAMANCE
À quand la paix ?
Bassène René Capain – Préface du père Nazaire Diatta
Malgré leur volonté et leur engagement affichés d'aller vers la fin du conflit armé en Casamance, la position des parties en guerre n'a jamais réellement évolué. L'État du Sénégal se dit prêt à négocier sur tous les points, sauf sur ceux relatifs à l'intégrité territoriale et l'unité nationale, alors que, de son côté, le MFDC soutient une position contraire en déclarant être disposé à ne négocier que sur la question se rapportant à l'indépendance totale de la Casamance. Cette situation montre que le conflit armé est encore loin de finir en Casamance.
(28.50 euros, 276 p.)
ISBN : 978-2-343-10426-3, ISBN EBOOK : 978-2-14-002593-8

PARCOURS D'UN JOURNALISTE AUTODIDACTE
Ndiaye Pape Ngagne
Préface de Mamoudou Ibra Kane
Pape Ngagne Ndiaye, par son style, est devenu un rendez-vous incontournable de l'espace audiovisuel sénégalais. L'émission «Faram Faccce» qu'il anime présentement sur TFM est très courue des hommes et femmes politiques pressés de se soumettre au feu roulant et nourri des questions du redoutable interviewer, unique dans son genre. Ce livre n'est pas seulement une autobiographie, mais aussi une réflexion thématique et une sélection rigoureuse de certains numéros de la célèbre émission qui se veut «un décryptage des questions majeures de l'actualité nationale».
(37.00 euros, 360 p.)
ISBN : 978-2-343-09916-3, ISBN EBOOK : 978-978-2-14-002822-9

DES FRANCENABE AUX MODOU-MODOU
L'émigration sénégalaise contemporaine
Fall Papa Demba - Préface du Professeur Abdoulaye Bara Diop
Principalement centré sur la France et ses anciennes colonies d'Afrique, le champ migratoire sénégalais s'est, de manière originale, progressivement étendu à des destinations naguère méconnues ou peu fréquentées (comme les États-Unis, l'Italie, l'Espagne, l'Afrique du Sud ou le Brésil). Peu à peu, les migrants sont devenus des acteurs incontournables du développement. La prise en compte de ces populations, et de leurs mouvements, devient donc nécessaire aux programmes et politiques de développement durable.
(Harmattan Sénégal, 40.00 euros, 559 p., Illustré en noir et blanc)
ISBN : 978-2-343-10796-7, ISBN EBOOK : 978-2-14-002539-6

«DOYEN» AMADY ALY DIENG, LE TRANSMETTEUR INTÉGRAL (1932-2015)
Économie biographique ou sémio-Histoire
Ngaïdé Abdarahmane
Amady Ali Dieng nous a quittés il y a un an. Pour lui rendre hommage et s'en rappeler les enseignements, l'auteur de cet ouvrage a décidé de compiler ses nombreux écrits ou interventions. Les quatorze textes qui composent cette anthologie sont représentatifs et significatifs de la personnalité, du style et des préoccupations d'Amady Ali Dieng. On y retrouve son style, son humour et son esprit critique.
(Harmattan Sénégal, 23.50 euros, 228 p., Illustré en noir et blanc)
ISBN : 978-2-343-10855-1, ISBN EBOOK : 978-2-14-002561-7

41 RULES TO BE HAPPY
Kane Babaly
Seeing that happiness is the goal towards which all men strive for, the author wrote this book to help the reader in treasuring the joyous of life and realizing his desires in entirety, to be fulfilled, to claw his way to the top and to assure him it will turn out well in the end. Moreover, this book intends to give the keys us to get the secret for reaching we want in this life. 41 rules to be happy is a little self help book which has 41 rules that are meant to allow every reader to live life in full potential.
(Harmattan Sénégal, 14.50 euros, 138 p.)
ISBN : 978-2-343-10904-6, ISBN EBOOK : 978-2-14-002583-9

SÉNÉGAL
Les limites du Plan Sénégal Émergent
Mansour Samb El Hadji
Cet ouvrage présente une analyse profonde des politiques publiques en décortiquant le Plan Sénégal Émergent (PSE) qui jusque-là n'a fait l'objet d'aucune analyse critique sérieuse. Le Sénégal est face à un défi, le défi de son émergence, un défi qu'il compte relever avec tous ses fils. Ce défi qui mobilise aujourd'hui tout le monde doit nous pousser à proposer de nouveaux chemins et à animer un débat nécessaire et incontournable dans tout processus d'émergence.
(Harmattan Sénégal, 27.00 euros, 276 p.)
ISBN : 978-2-343-09721-3, ISBN EBOOK : 978-2-14-002372-9

SÉNÉGAL
Dynamiques paysannes et souveraineté alimentaire
Le procès de production, la tenue foncère et la naissance d'un mouvement paysan
Diop Amadou Makhouredia
Préface d'Yves Guillermou ; Postface de Fodé Niang
Le présent ouvrage contribue à la compréhension des stratégies développées par la petite paysannerie et les dynamiques qui animent les exploitations agricoles familiales permettant la production de biens nécessaires à l'alimentation et l'entretien des familles. La capacité des paysans à prendre en main leurs propres préoccupations a été mise en évidence par l'émergence d'organisations, de groupements, d'associations et d'unions dans tout l'espace rural sénégalais.
(Harmattan Sénégal, 26.00 euros, 256 p.)
ISBN : 978-2-343-10852-0, ISBN EBOOK : 978-2-14-002457-3

HISTOIRE ET SOCIOLOGIE DES RELIGIONS AU SÉNÉGAL
Tamba Moustapha
Le Sénégal reste une exception dans le domaine religieux : 90 % de musulmans, 5 % de chrétiens et 5 % d'adeptes de l'animisme. C'est aussi le pays où les musulmans et les catholiques partagent le même cimetière, où les conjoints partagent des religions différentes, où les écoles privées catholiques comptent 60 à 70 % d'élèves de confession musulmane, etc. Ce phénomène n'est pas dû au hasard. L'histoire et la sociologie des religions permettent de l'expliquer amplement. Cet ouvrage souligne cette exception sénégalaise pour montrer qu'au moment où notre monde est en proie au fanatisme, à l'intolérance et au terrorisme religieux, le Sénégal propose un autre « modèle ».
(Coll. Études africaines, série Economie, 41.00 euros, 426 p.)
ISBN : 978-2-343-10424-9, ISBN EBOOK : 978-2-14-002506-8

FIGURES DU POLITIQUE ET DE L'INTELLECTUEL AU SÉNÉGAL
L.S. Senghor - M. Dia - A. Ly - CH. A. Diop A. Diouf & F. Mitterrand - J.R. De Benoist - A. Seck - TH. Fall - A. M. Samb - A.M. Samb JR - TH. Monod - H. Bocoum - G. R. Thilmans
Samb Djibril
Cet ouvrage réunit des personnalités politiques et/ou intellectuelles très diverses : Léopold Sédar Senghor, l'Immortel Noir ; Mamadou Dia, le brillant économiste ; François Mitterrand et Abdou Diouf, deux experts politiques, ou encore Théodore Monod, le savant probe. Ces figures sont autant de coryphées auxquels l'auteur a voulu rendre hommage, afin de rappeler que la terre africaine du Sénégal ne manque pas de princes de l'esprit ni de nourriture intellectuelle.
(26.00 euros, 266 p.)
ISBN : 978-2-343-10731-8, ISBN EBOOK : 978-2-14-002513-6

L'HARMATTAN ITALIA
Via Degli Artisti 15; 10124 Torino
harmattan.italia@gmail.com

L'HARMATTAN HONGRIE
Könyvesbolt ; Kossuth L. u. 14-16
1053 Budapest

L'HARMATTAN KINSHASA
185, avenue Nyangwe
Commune de Lingwala
Kinshasa, R.D. Congo
(00243) 998697603 ou (00243) 999229662

L'HARMATTAN CONGO
67, av. E. P. Lumumba
Bât. – Congo Pharmacie (Bib. Nat.)
BP2874 Brazzaville
harmattan.congo@yahoo.fr

L'HARMATTAN GUINÉE
Almamya Rue KA 028, en face
du restaurant Le Cèdre
OKB agency BP 3470 Conakry
(00224) 657 20 85 08 / 664 28 91 96
harmattanguinee@yahoo.fr

L'HARMATTAN MALI
Rue 73, Porte 536, Niamakoro,
Cité Unicef, Bamako
Tél. 00 (223) 20205724 / +(223) 76378082
poudiougopaul@yahoo.fr
pp.harmattan@gmail.com

L'HARMATTAN CAMEROUN
BP 11486
Face à la SNI, immeuble Don Bosco
Yaoundé
(00237) 99 76 61 66
harmattancam@yahoo.fr

L'HARMATTAN CÔTE D'IVOIRE
Résidence Karl / cité des arts
Abidjan-Cocody 03 BP 1588 Abidjan 03
(00225) 05 77 87 31
etien_nda@yahoo.fr

L'HARMATTAN BURKINA
Penou Achille Some
Ouagadougou
(+226) 70 26 88 27

L'HARMATTAN SÉNÉGAL
10 VDN en face Mermoz, après le pont de Fann
BP 45034 Dakar Fann
33 825 98 58 / 33 860 9858
senharmattan@gmail.com / senlibraire@gmail.com
www.harmattansenegal.com

L'HARMATTAN BÉNIN
ISOR-BENIN
01 BP 359 COTONOU-RP
Quartier Gbèdjromèdé,
Rue Agbélenco, Lot 1247 I
Tél : 00 229 21 32 53 79
christian_dablaka123@yahoo.fr

www.ingramcontent.com/pod-product-compliance
Lightning Source LLC
LaVergne TN
LVHW021230061026
849535LV00008B/2998
9782343136332